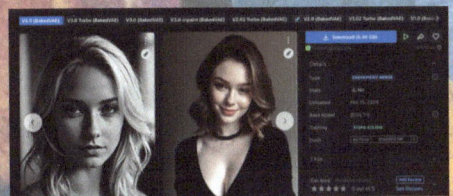

42 REALVISXL

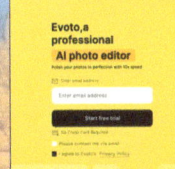

54 EVOTO

66 CHROMA

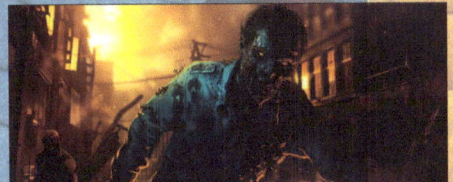

44 ZOMBIES

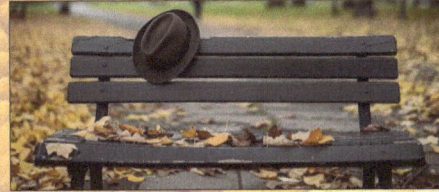

56 EVOLUCIÓN DE UNA IDEA

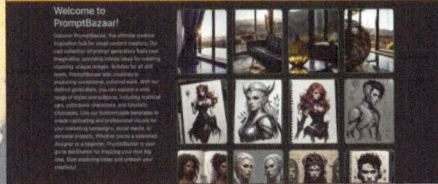

68 RECURSOS

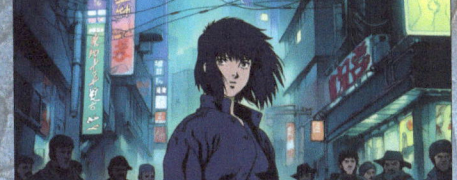

46 NIJI 6

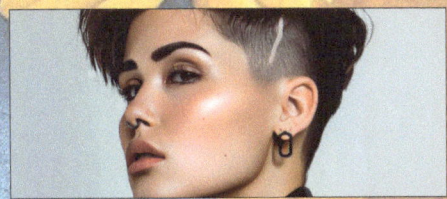

58 PELO

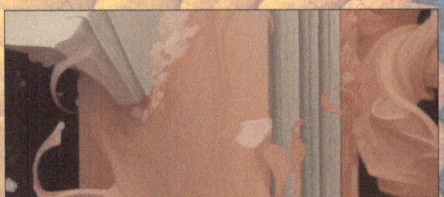

70 GLOSARIO

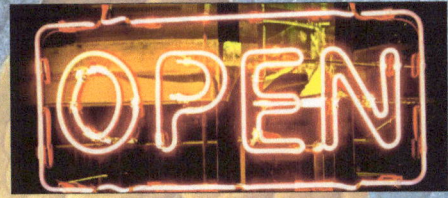

48 NEON

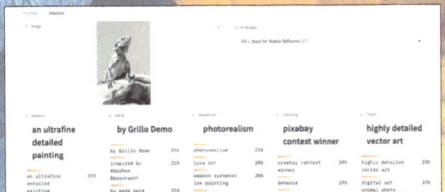

60 HUGGINGFACE

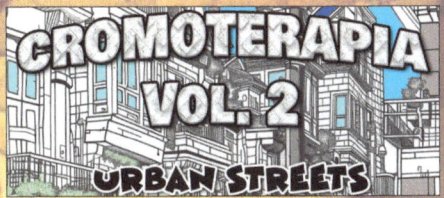

72 PROMO

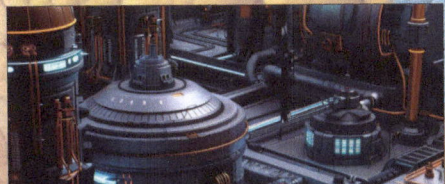

50 GROQ

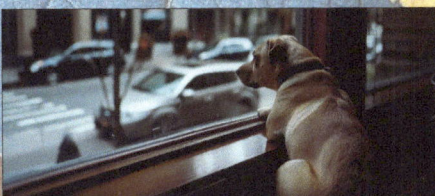

62 ÁNGULOS

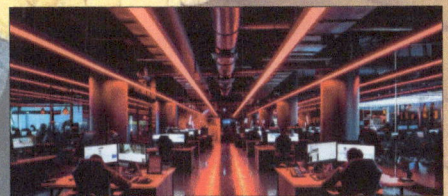

74 EQUIPO

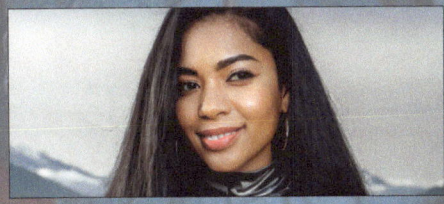

52 COMPARATIVA

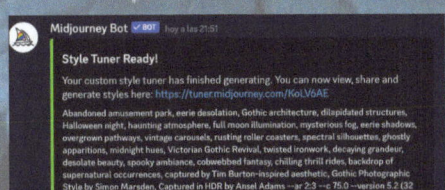

64 TUNE

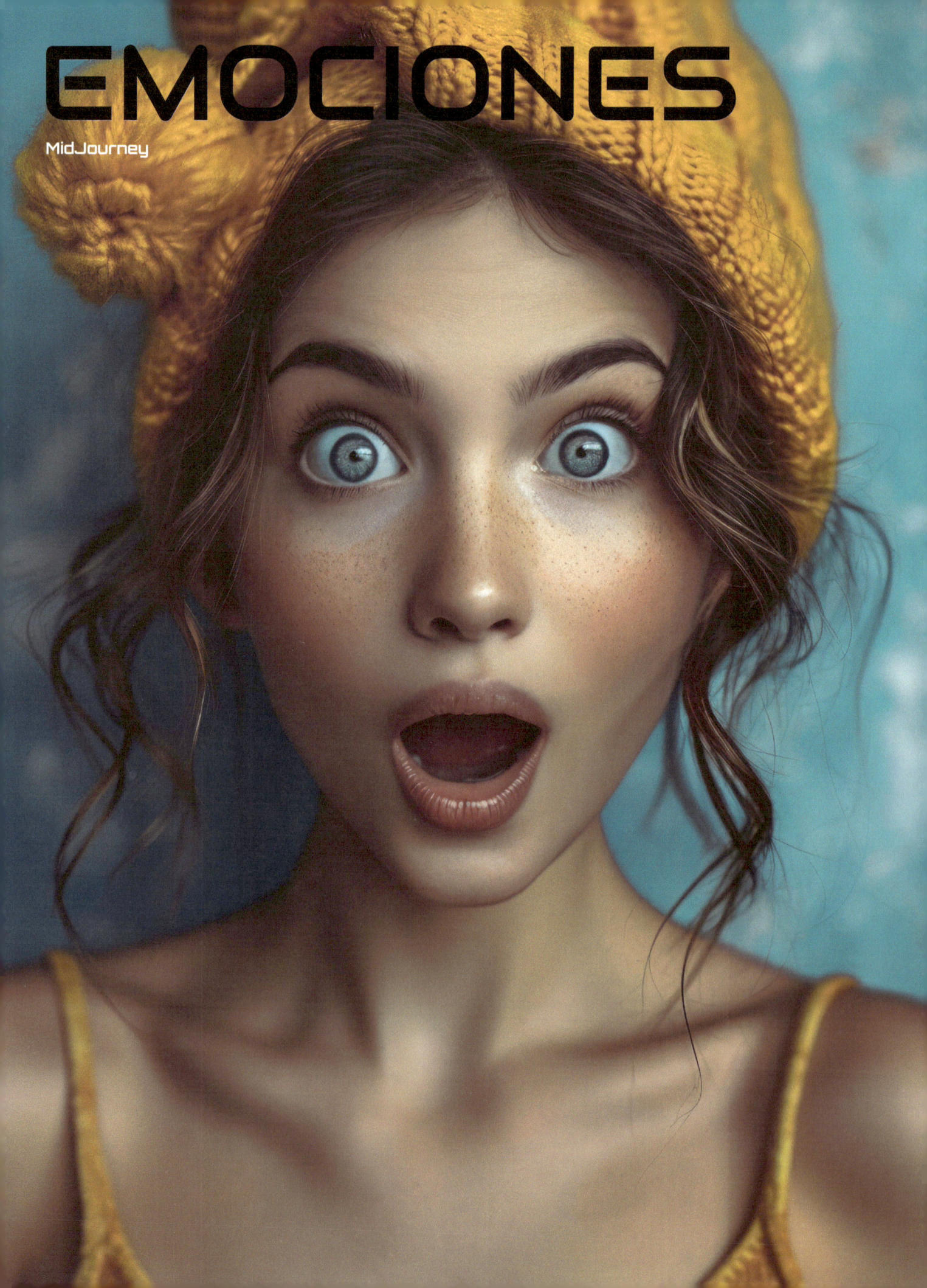

EMOCIONES

EDITORIAL

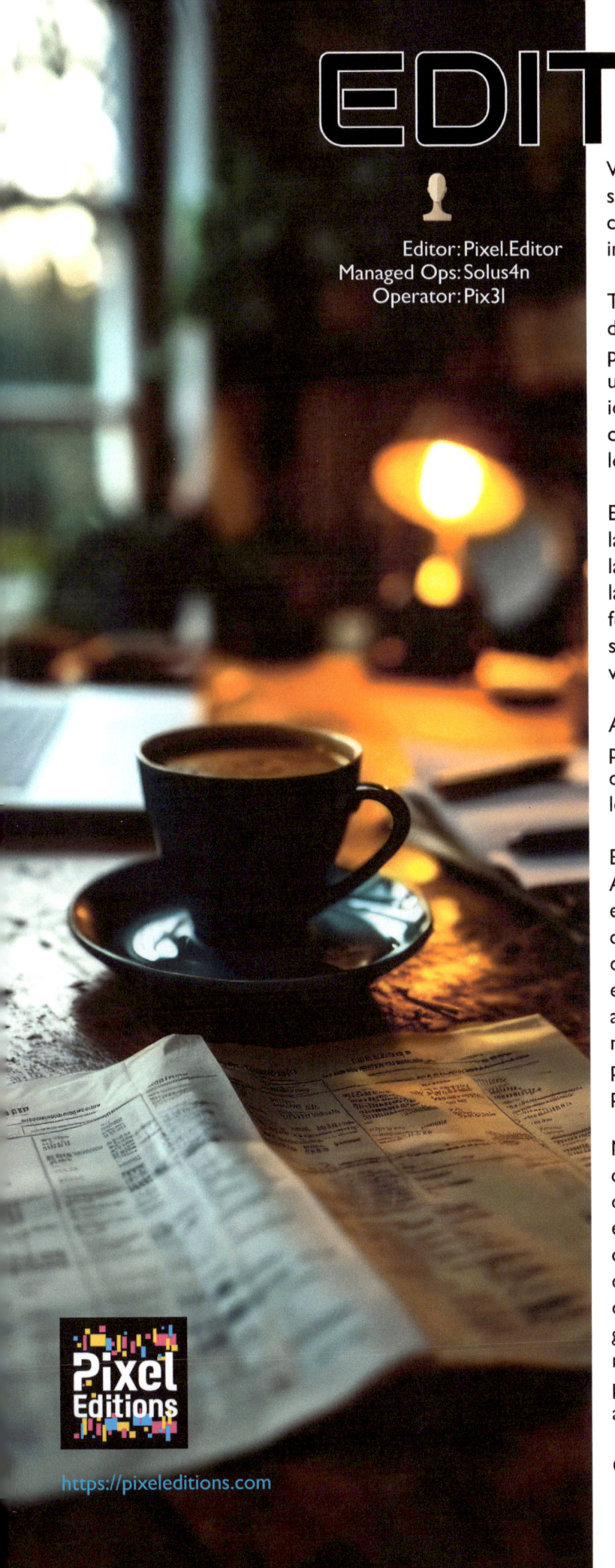

Editor: Pixel.Editor
Managed Ops: Solus4n
Operator: Pix3l

Volvemos con el primer número, en realidad el segundo, de PIXED, la revista dedicada al diseño gráfico con IA y a todas las herramientas IA que nos sean de interés y utilidad.

Tras el número piloto Pixel Editions tomó nota de todos los comentarios y sugerencias recibidos por parte de nuestros lectores. La decisión ha sido unánime: PIXED se publicará desde hoy en varios idiomas en ediciones independientes. De esta forma cada edición contará con más contenido como es lógico y la lectura será más fácil para todos.

Esta decisión no afecta a un elemento clave para la presentación de herramientas. Nos referimos a las capturas de pantalla. Todas ellas se realizan con la versión inglesa de las mismas. La mayoría sólo funcionan en inglés. Por tanto hemos decidido utilizar siempre la versión inglesa, si existe, antes que una versión local.

Además hemos modificado diversos aspectos de la publicación, como el tamaño del texto, disposición de algunos elementos, etc. Todo ello para mejorar la lectura y la imagen de la revista.

En otro orden tenemos la organización del contenido. Algunas voces nos dicen que podríamos categorizar el contenido y agruparlo. Cierto, pero tal vez eso le quitaría frescura a la lectura en cuanto a experiencia diversa. Es decir, tras un artículo muy técnico encontrarse una galería de imágenes y luego un paso a paso de cómo conseguir tal resultado nos parece más satisfactorio que disponer las paginas agrupadas por galerías, técnicas, etc. Veamos qué sucede en los próximos números.

Nada más. Desde la redacción de PIXED sólo desear que los contenidos que vas a ver a continuación sean de tu agrado, cuando menos y amenos en todo caso. El equipo trabaja constantemente para no dejar ninguna opción por el camino. Nos han dicho que somos muy de MidJourney. Cierto. Las ilustraciones que utilizamos de forma general en los artículos siempre están generadas con MJ. Nos parece la mejor opción. Eso no conlleva que dejemos de lado a todas las demás posibilidades. Cada cual debe elegir la que más se adapte a sus necesidades, por supuesto.

Como dicen por ahí: ¡feliz *promkteo*!

Pixel Editions

https://pixeleditions.com

INDICE

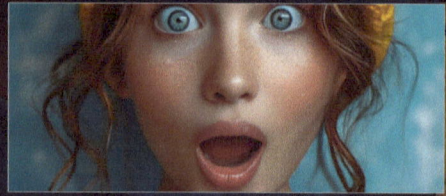
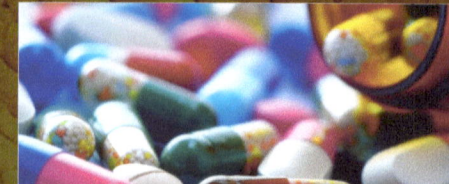

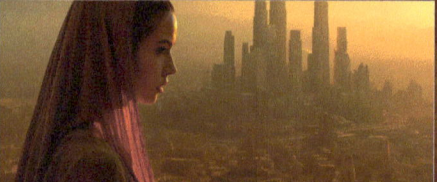
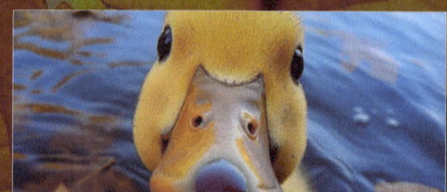
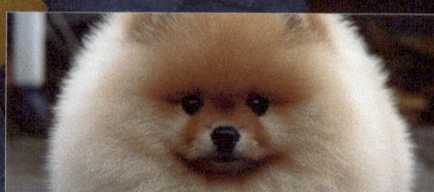
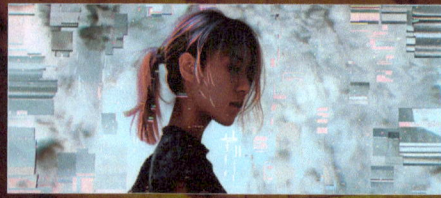
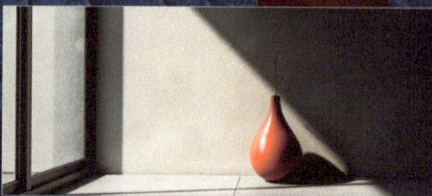
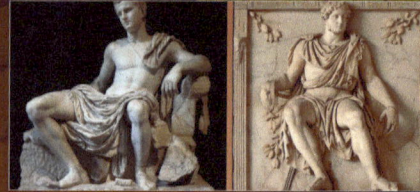
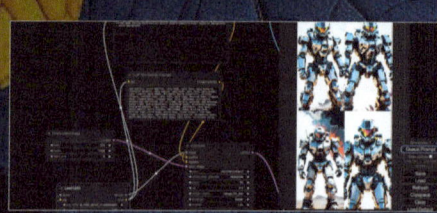
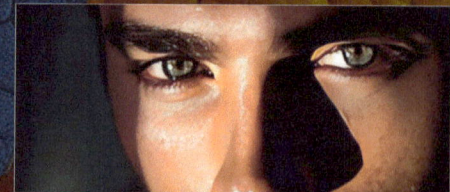
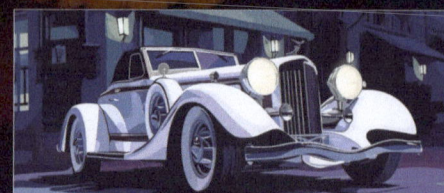
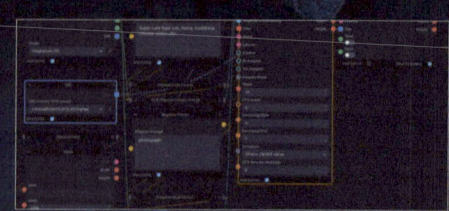
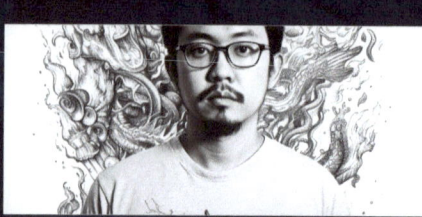

Las emociones y expresiones de los rostros de las personas dan mucho de sí. Las IA no son ajenas a este aspecto, al menos la mayoría de ellas. Hay que tener una cierta habilidad para conseguir que nuestro personaje exprese alegría, rabia, decepción, tristeza, etc. Puede resultar obvio que indicando en el prompt dicha característica ésta aparezca como por arte de magia. Suele ser así pero algunas emociones y expresiones tienen matices, en ocasiones no se generan como se espera, etc. Dado que ayuda a elegir bien las palabras o frases y conseguir el resultado deseado es muy útil contar con un diccionario visual con las diferentes posibilidades. Así es fácil elegir la que más se acerque al objetivo. En estas páginas recopilamos una serie de emociones y expresiones, no todas, para ilustrar lo ya comentado. En la página web de la revista encontrarás un apartado con recursos gratuítos en los que iremos recopilando diccionarios visuales de este tipo y otros útiles.

¿En qué lugar del prompt hay que incluir la expresión? En inglés es habitual colocarla antes del sujeto. Si usamos otro idioma deberemos respetar su orden gramatical correspondiente.

Las imágenes que se muestran en este pequeño recopilatorio están generadas con MidJourney.

El prompt básico es:

[expresion/emoción] [sujeto] [descripción]

La imagen de la página anterior se generó con este prompt, variante del anterior:

```
Emotional female human
gesture: surprise! --ar 21:29
--s 750 --v 6.0 --style raw
```

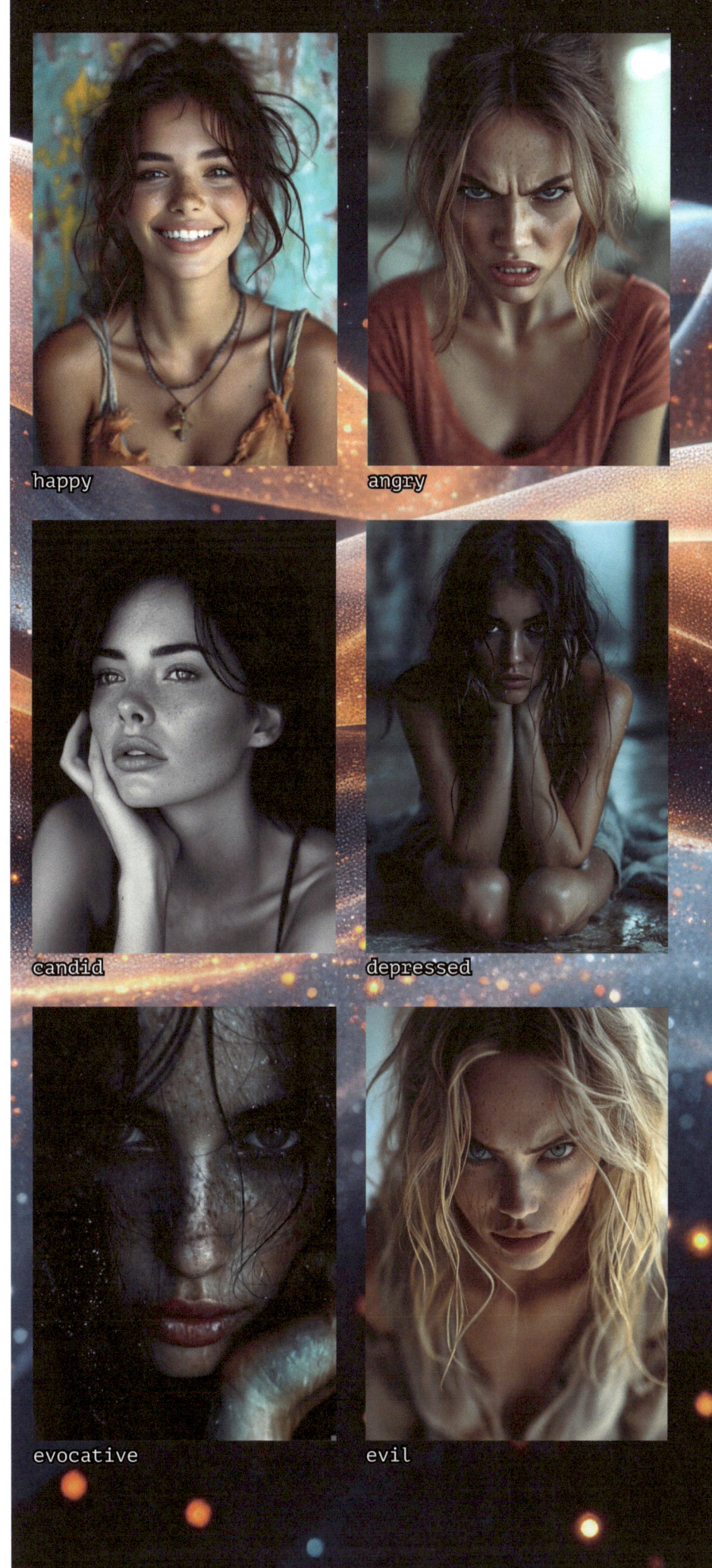

happy

angry

candid

depressed

evocative

evil

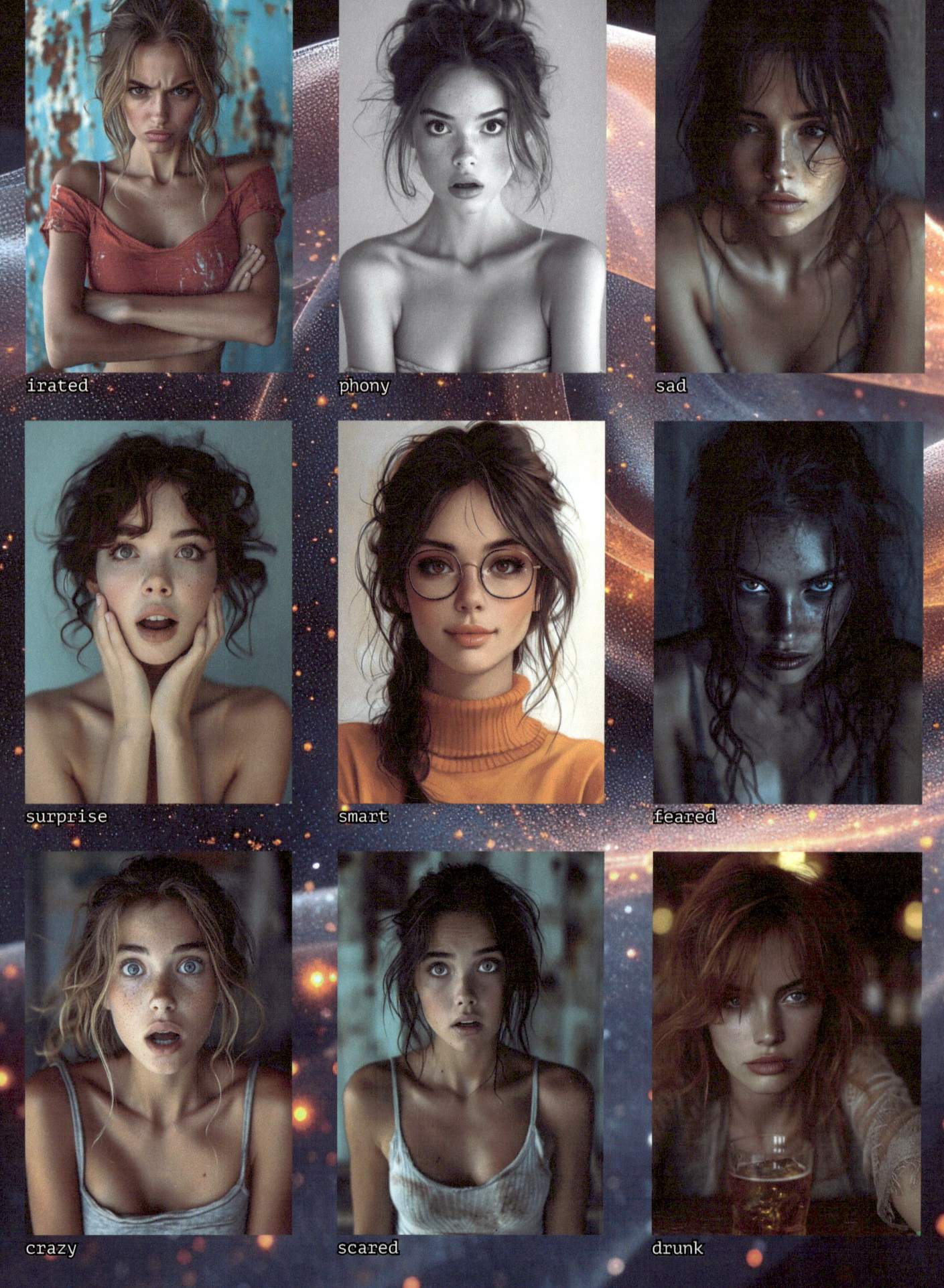

irated

phony

sad

surprise

smart

feared

crazy

scared

drunk

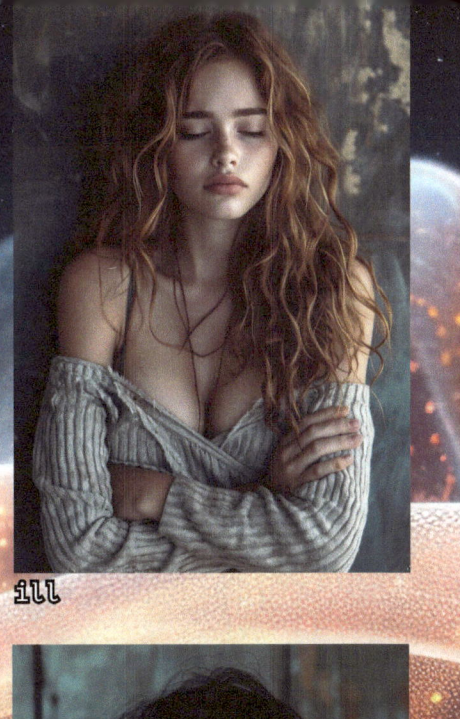

ill

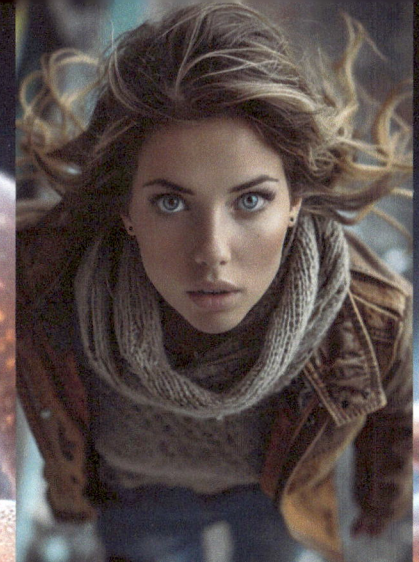

in a hurry

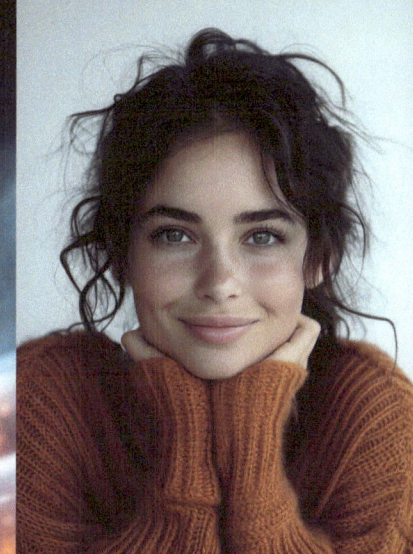

smiling

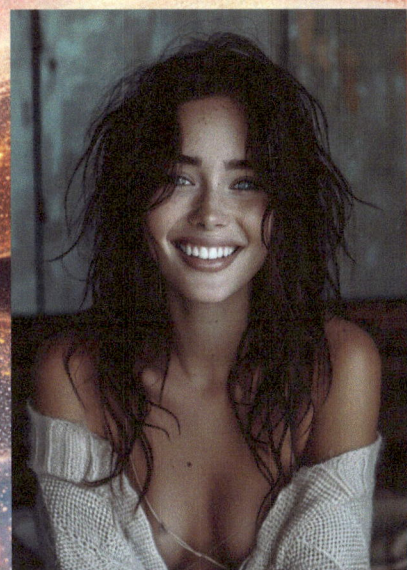

laughing

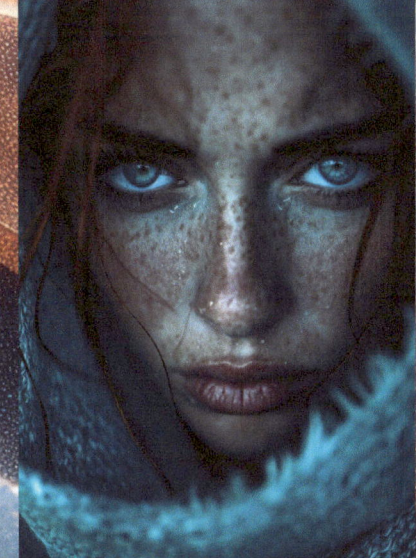

crying

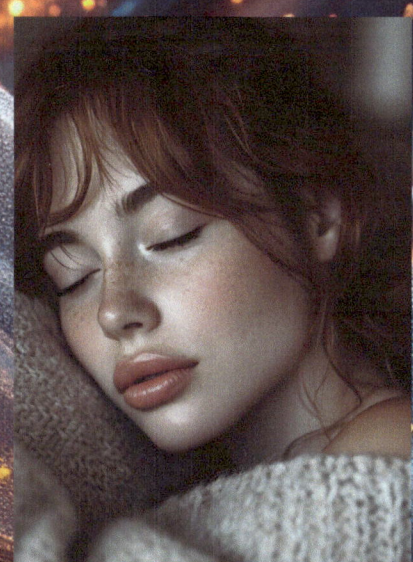

sleeping

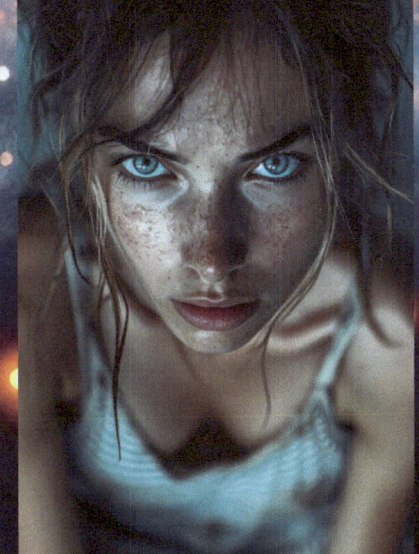

overkill

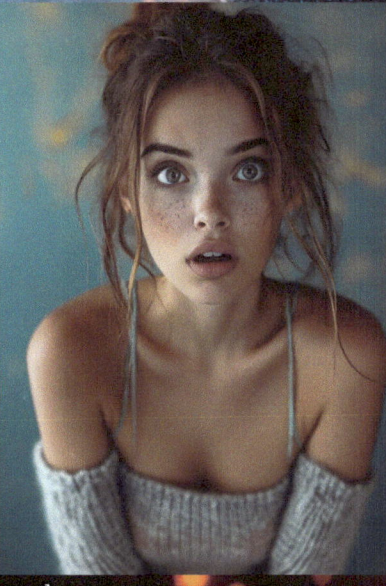

cumbersome

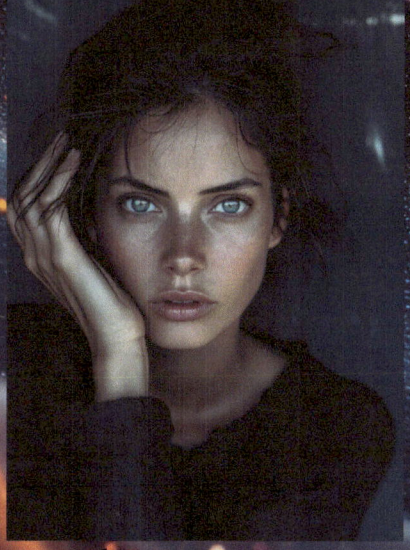

suspect

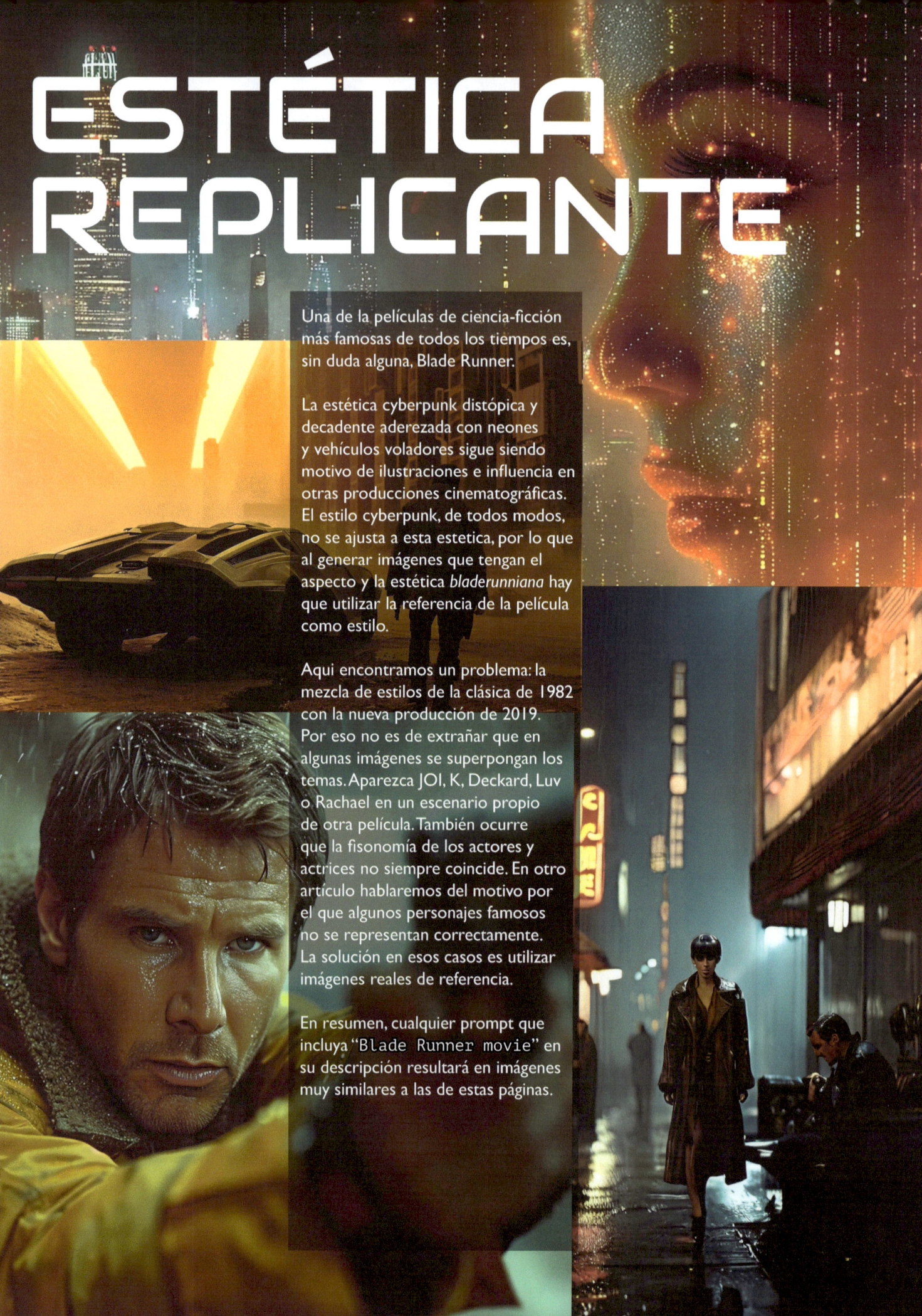

ESTÉTICA REPLICANTE

Una de la películas de ciencia-ficción más famosas de todos los tiempos es, sin duda alguna, Blade Runner.

La estética cyberpunk distópica y decadente aderezada con neones y vehículos voladores sigue siendo motivo de ilustraciones e influencia en otras producciones cinematográficas. El estilo cyberpunk, de todos modos, no se ajusta a esta estetica, por lo que al generar imágenes que tengan el aspecto y la estética *bladerunniana* hay que utilizar la referencia de la película como estilo.

Aqui encontramos un problema: la mezcla de estilos de la clásica de 1982 con la nueva producción de 2019. Por eso no es de extrañar que en algunas imágenes se superpongan los temas. Aparezca JOI, K, Deckard, Luv o Rachael en un escenario propio de otra película. También ocurre que la fisonomía de los actores y actrices no siempre coincide. En otro artículo hablaremos del motivo por el que algunos personajes famosos no se representan correctamente. La solución en esos casos es utilizar imágenes reales de referencia.

En resumen, cualquier prompt que incluya "Blade Runner movie" en su descripción resultará en imágenes muy similares a las de estas páginas.

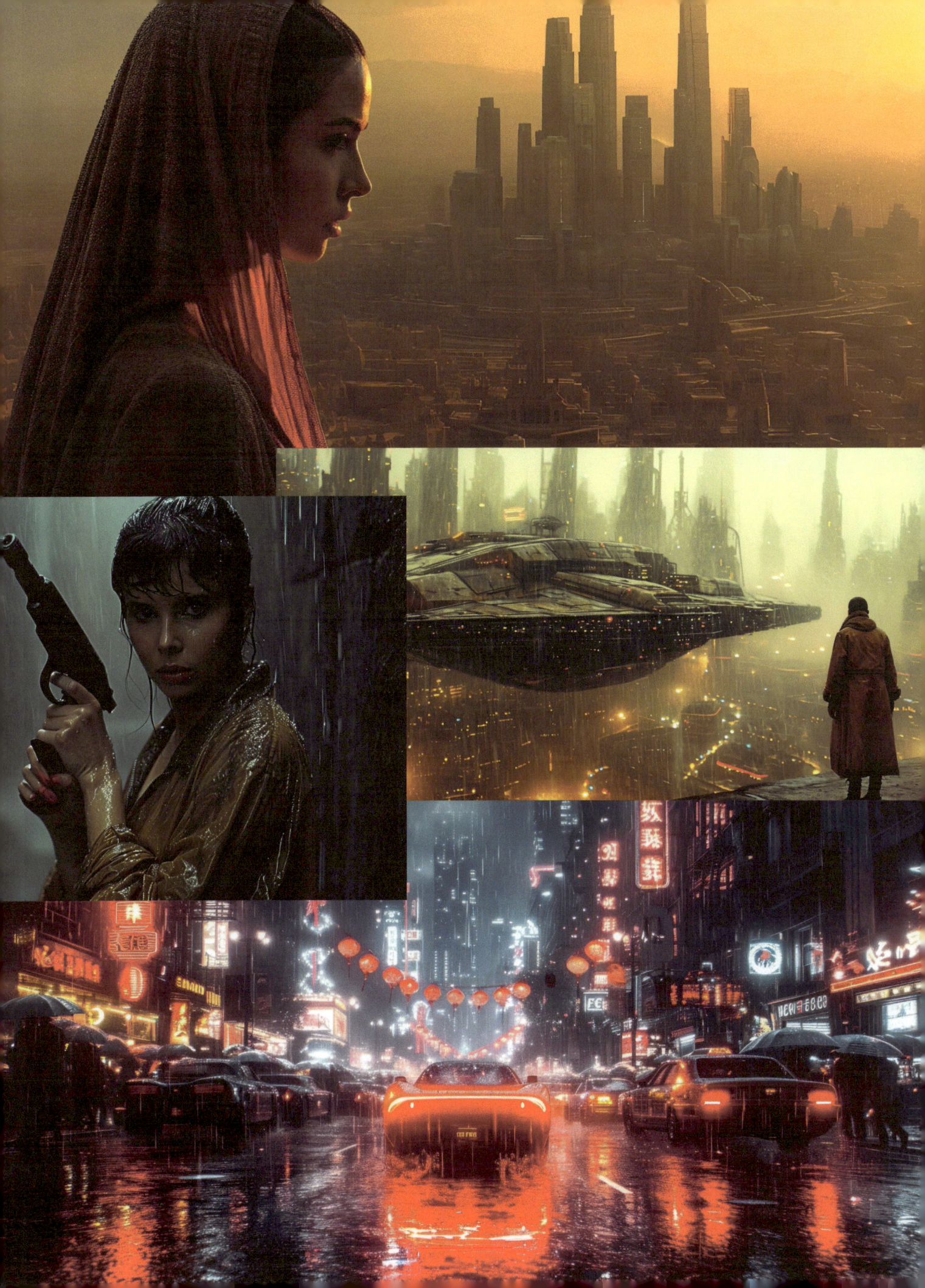

GLITCH

Glitch se refiere a un desajuste, un error, ¡un fallo en la Matrix! Ni más ni menos. Dicho efecto aplicado a las imágenes genera unas escenas curiosas. Combinado con la doble exposición tenemos aún más opciones creativas.

No todas las IA entienden bien este defecto. Comparándolas elegiremos la mejor para nuestro caso.

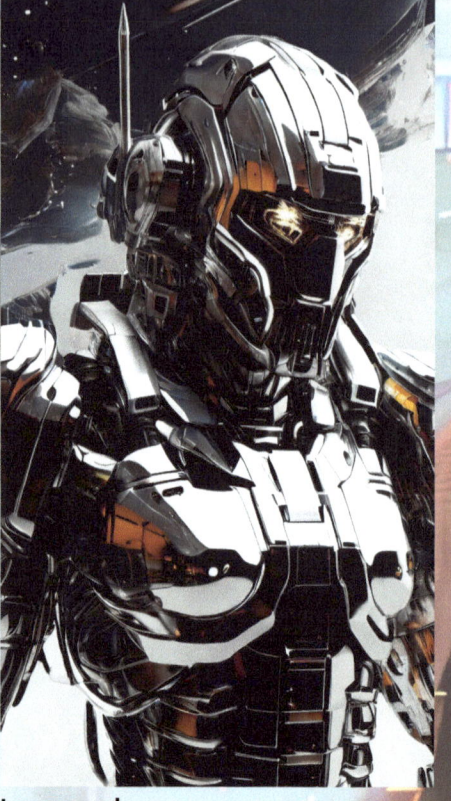

Leonardo

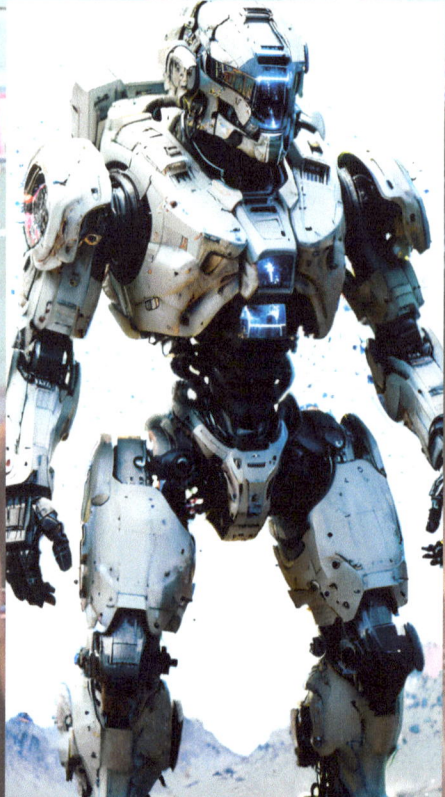

Stable Diffusion

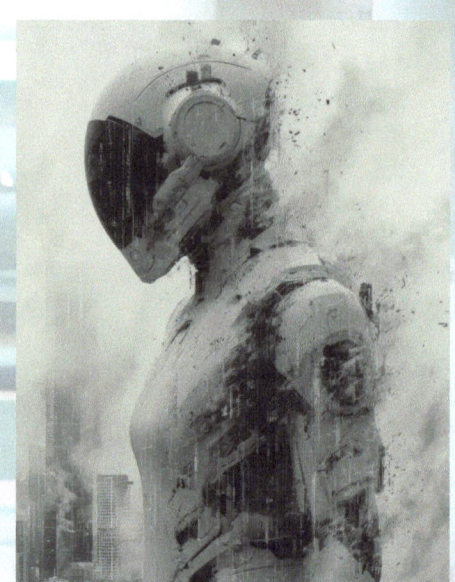

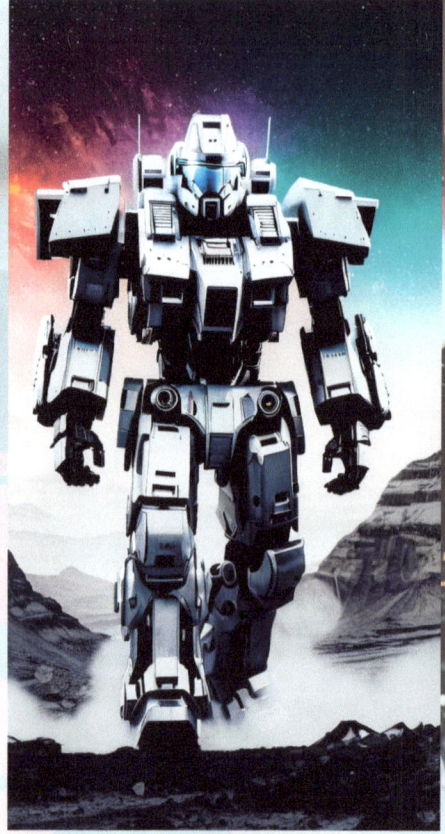

SDXL

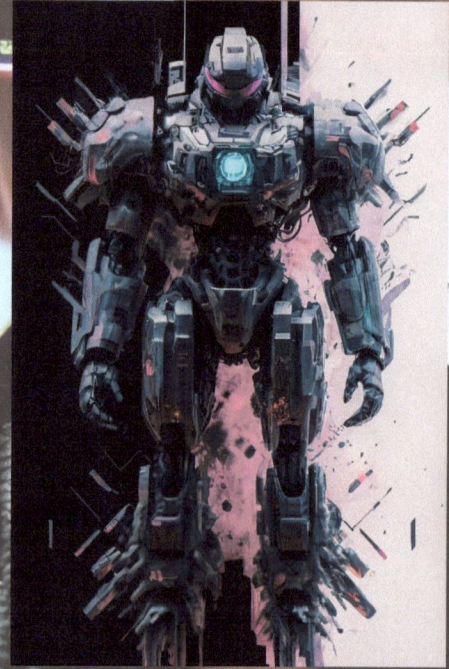

Ideogram.ai

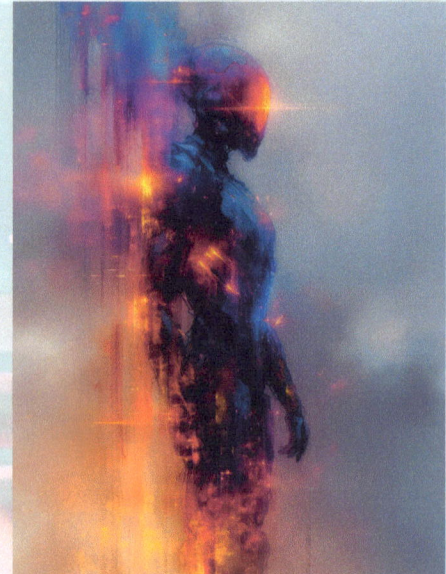

MidJourney

Chrome made massive mech warrior glitch double exposure outer space as background , white background

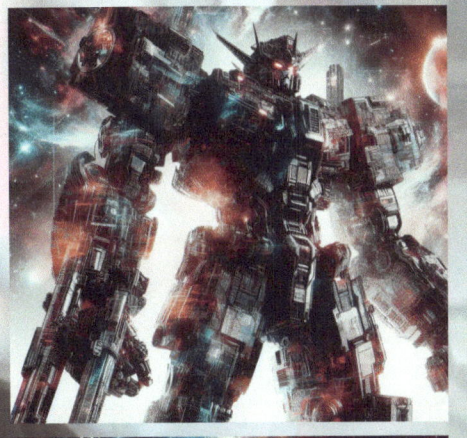

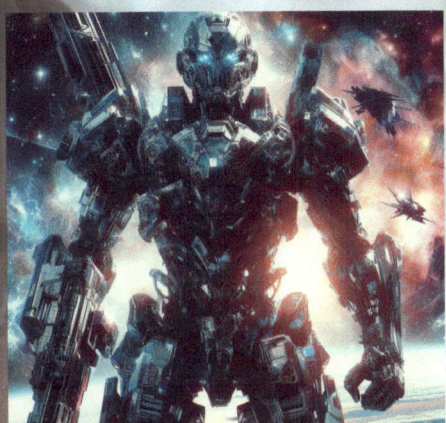

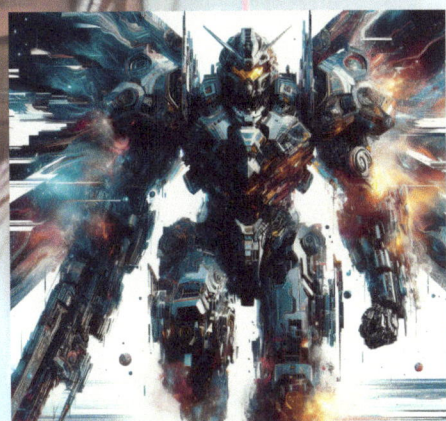

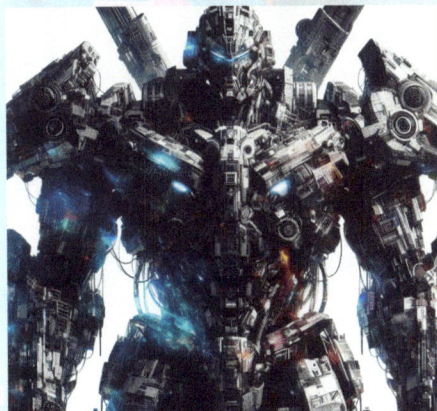

Una rápida mirada a las imágenes deja patente que las IA basadas en Stable Diffusion no entienden muy bien el concepto *glitch* (error, distorsión) ni tampoco el de doble exposición. Dalle-E apenas se acerca en alguna generación. Ideogram.ai interpreta la doble exposición a su manera. Leonardo utiliza el segundo tema (el fondo espacial) como fondo. Sólo MidJourney consigue resultados que aúnen ambos conceptos.
Los partidarios de SD y similares tienen la opción de entrenar un modelo para que se ajuste a la petición del prompt.

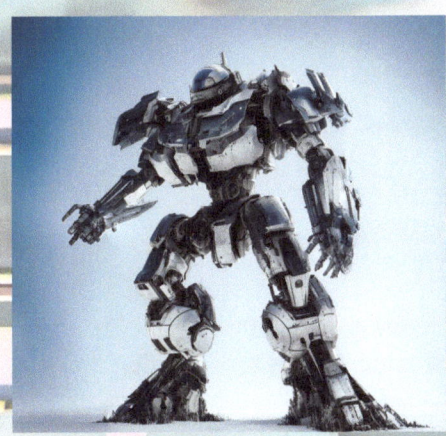

Kandinsky / Fusion Brain

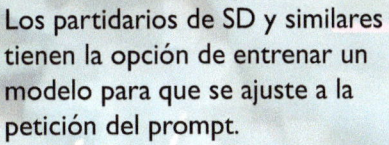

Dall-E

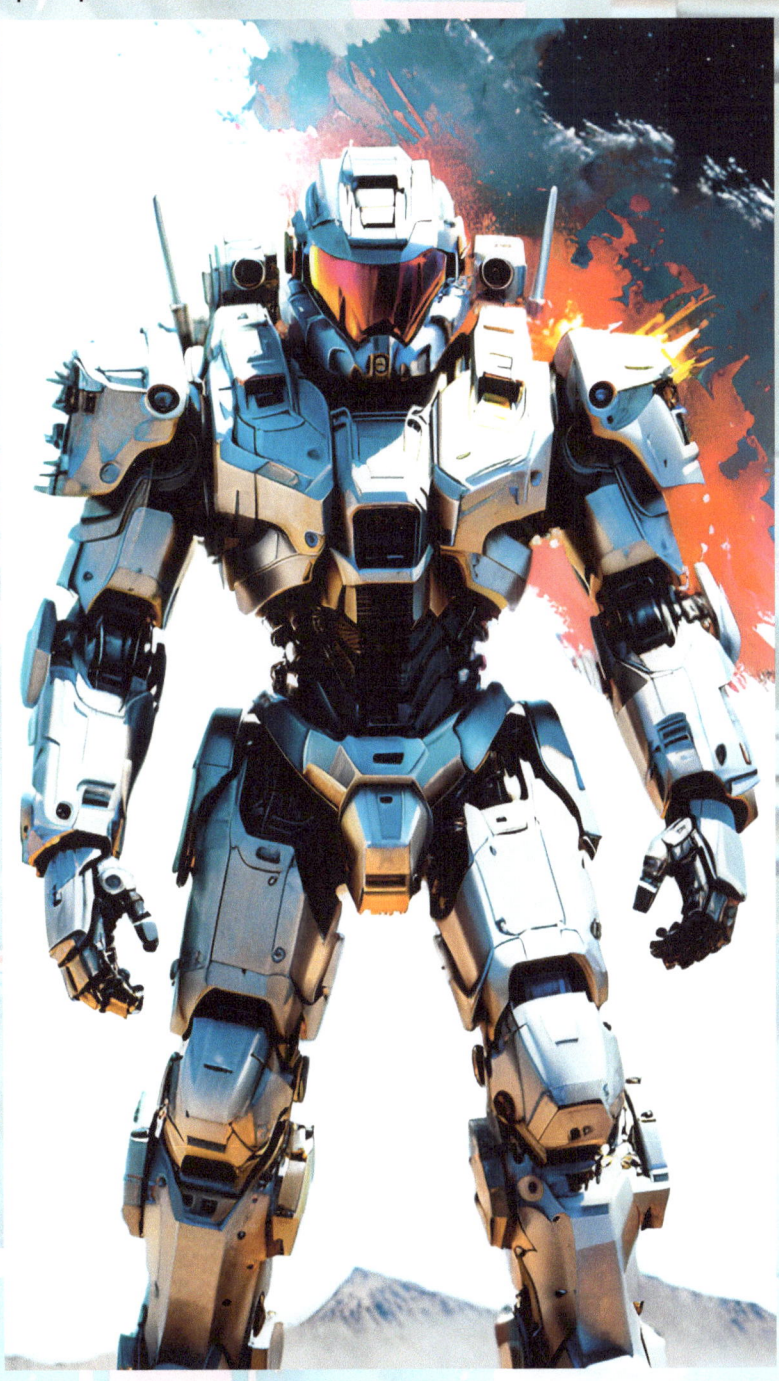

SDXL

300 TOKENS

Dicen que la v6 de MidJourney soporta 350 tokens, ¿o eran 300? La forma de comprobarlo es fácil. Usando el mismo valor de seed lanzamos varios prompts de prueba con el mismo texto, de 300 palabras para empezar y añadimos una o dos más a ver qué ocurre. En cuanto se supera el valor de 300 el resultado es exactamente el mismo. MidJourney ya no tiene en cuenta la palabra número 301 ni para generar ruido.

Así que cuando encontramos prompts larguísimos, casi poemas épicos, pensemos que a partir de la palabra 301 es como si no existiera. El prompt que aparece a la derecha está generado con una aplicación usada para textos simulados, lorem ipsum, una manera clásica utilizada en imprenta desde siempre:

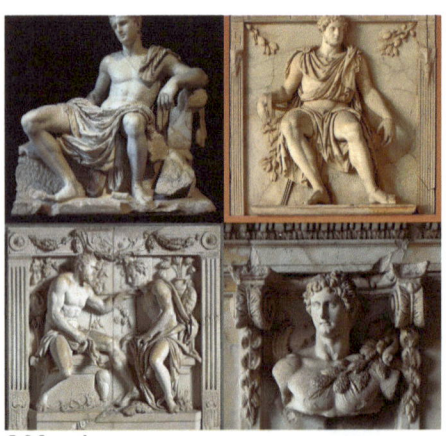

300 tokens

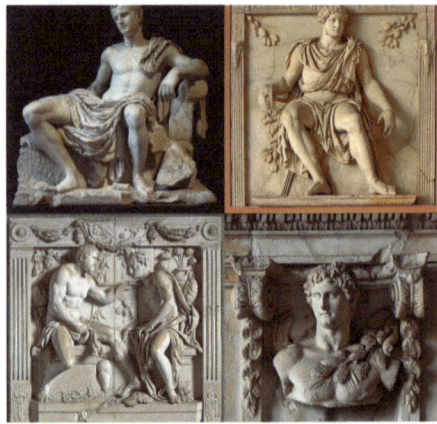

301 tokens

http://lipsum.com

Phasellus eu interdum lacus. Vivamus commodo sapien sem, et vulputate nunc semper at. Quisque condimentum sit amet eros maximus molestie. Sed efficitur felis sodales metus faucibus consequat. Ut ac ipsum sit amet magna rutrum egestas. Aliquam consectetur, leo eu luctus aliquam, nisi nibh lacinia est, quis ultrices arcu odio ac risus. Nunc ac venenatis eros, non suscipit mauris. Nulla interdum ullamcorper augue et consectetur. Sed maximus blandit nunc, non pellentesque mi scelerisque venenatis. Nulla ut felis eget ipsum scelerisque luctus.

Morbi tincidunt velit purus, vel bibendum leo auctor id. Donec interdum vitae turpis quis fringilla. Pellentesque blandit at lacus id pretium. Suspendisse viverra volutpat est. Curabitur eu metus quis ipsum congue pulvinar. Sed feugiat sagittis odio, vel maximus sem tincidunt ut. In ornare dui eget erat malesuada cursus. Sed tempus cursus mauris lacinia elementum. Sed condimentum turpis eros, nec auctor diam sollicitudin a. Integer ornare elit a urna condimentum, ac congue sapien fermentum. Cras orci neque, dignissim quis ante a, mattis hendrerit mauris. Nulla nibh nisi, vestibulum nec tellus vitae, pulvinar elementum massa.

Aenean sollicitudin rhoncus consequat. Nullam tincidunt rutrum tellus ut condimentum. Vivamus id lorem vel ligula rhoncus consequat aliquet non leo. Quisque quis ipsum nunc. Integer quis ipsum felis. Aenean semper a velit ac euismod. In eu felis finibus, commodo massa eget, ultrices tortor. Proin volutpat ac mauris non placerat. Praesent nunc nisi, porta nec sagittis ac, mollis non elit. Sed maximus turpis erat, vel fermentum nisl tempor vitae. In hac habitasse platea dictumst. Mauris condimentum tortor libero, non posuere erat suscipit iaculis. Sed vitae gravida purus, quis blandit metus. Duis cursus eu justo eget mollis. Nullam volutpat sapien diam, eget mattis nibh vulputate sed. Curabitur at purus non tellus bibendum laoreet eget non orci. Sed eget sem id leo interdum malesuada. Praesent est magna, rutrum quis tincidunt.

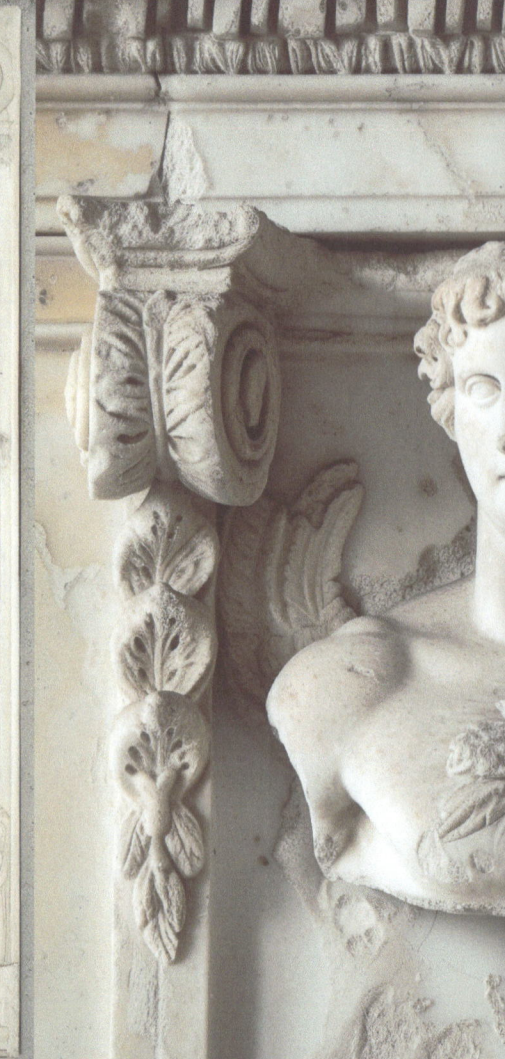

MJ DOWNLOAD

A medida que se presentan materiales para incluir en PIXED se amplían los horizontes. Y desde este mismo instante inauguramos una sección que pretende ser común a todos los números sucesivos. Software listo para utilizar que aporte un valor o utilidad al trabajo diario de un diseñador IA. El pequeño programa que se incluye aquí (y puede descargarse desde la página oficial de Github) es un simple pero útil script Python que monitoriza constántemente un servidor en Discord y descarga las imágenes generadas con MidJourney y posiblemente otros bots de generación de imágenes. Está adaptado a MidJourney en cuanto a que su función es detectar una rejilla de cuatro imágenes y descargarlas por separado a su tamaño real. Desde la versión 5 de MidJourney ya no es necesario escalarlas una a una. Por tanto este script facilita la tarea de separar las imágenes y descargarlas sin hacer nada. No es un script perfecto y dado que se comunica con Discord puede que de algún error de comunicación, sobrecarga de la API de Discord, etc. En Pixel Editions lo llevamos usando durante meses y descargado decenas de miles de imágenes sin mayor problema. Desde la redacción esperamos que sea tan útil para todo aquel que quiera probarlo como para nosotros.

```
2024-01-25 00:22:49 INFO     discord.client logging in using static token
2024-01-25 00:22:49 INFO     discord.gateway Shard ID None has connected to Gateway (Session ID: 282
34bba071f3d2f149267436ac1a3f3).
Bot connected
**Download a bunch of pictures in the shape of pictures rain over a desktop --ar 21:29 --s 50 --v 6.
0 --style raw** - <@806962683685240862> (Waiting to start)
**Product stock photo of futuristic computer with all extra accesories you can imagine, cinematic ba
ckground --s 50 --v 6.0 --style raw** - <@806962683685240862> (Waiting to start)
**Download a bunch of pictures in the shape of pictures rain over a desktop --ar 21:29 --s 50 --v 6.
0 --style raw** - <@806962683685240862> (fast)
Image downloaded: alias_Download_a_bunch_of_pictures_in_the_shape_of_pictures_ra_322fe3e9-910c-4bb7-
827c-128a10d2d7e8.png
**Product stock photo of futuristic computer with all extra accesories you can imagine, cinematic ba
ckground --s 50 --v 6.0 --style raw** - <@806962683685240862> (fast)
Image downloaded: alias_Product_stock_photo_of_futuristic_computer_with_all_extr_e5c9274e-26fe-4020-
8c31-bdee2afc742e.png
**Product stock photo of futuristic computer with all extra accesories you can imagine, cinematic ba
ckground --s 50 --v 6.0 --style raw** - <@806962683685240862> (Waiting to start)
**Product stock photo of futuristic computer with all extra accesories you can imagine, cinematic ba
ckground --s 50 --v 6.0 --style raw** - <@806962683685240862> (fast)
Image downloaded: alias_Product_stock_photo_of_futuristic_computer_with_all_extr_26729502-6401-4f12-
a96d-4cd1c0414670.png
**She is the robot, Realistic, Chrome, Futuristic, Sensuous, Biomechanical, Glossy, Metallic, Humano
id, Robots, Photorealism --ar 210:297 --s 50 --v 6.0 --style raw** - <@806962683685240862> (Waiting
to start)
history:4
Image downloaded: alias_Photo_of_Animated_scene_in_the_tavern_with_some_people_d_ae625382-b7bb-49eb-
8d19-24995d62c3b1.png
Image downloaded: alias_Tesla_car_Intricate_detailed_baroque_macabre_fantastical_f95b3f66-97c0-483c-
99c5-b18fff0fa39b.png
Image downloaded: alias_Tesla_car_Intricate_detailed_baroque_macabre_fantastical_5bf55559-fb99-49d7-
91f3-653b2bb46c82.png
```

https://github.com/danger1234567/mj_download_bot

Discord.py Example

This example starts a Discord bot using discord.py.

[Deploy on Railway]

✴ Features

- Python
- Discord.py

How to use

- Install packages using `pip install -r requirements.txt`
- Start the bot using `python main.py`

DESCRIBE

Cuando encontramos una imagen generada por IA y nos gusta seguramente nos preguntemos: "*¿Cuál será el prompt que han utilizado?*". Si no damos con el autor de la misma y tiene la voluntad de compartirlo no hay mucho que hacer. Algunas IA disponen del método **img2img**, es decir, imagen a imagen, lo cual significa que utilizan la imagen original para generar otra. Hay otras como MidJourney que disponen de un comando como /describe que toma una imagen y genera varios prompts intentando recrear el aspecto de dicha imagen. De modo que no sólo tenemos la posibilidad de recrear hasta cierto punto el prompt usado en una imagen (nunca será el mismo, por supuesto), si no que se puede utilizar /describe con cualquier imagen. Una foto familiar propia, un retrato, un paisaje, cualquier imagen encontrada en Internet. Veamos algunos ejemplos de imágenes generadas con IA y otras reales y el correspondiente resultado de /describe así como de los prompts generados.

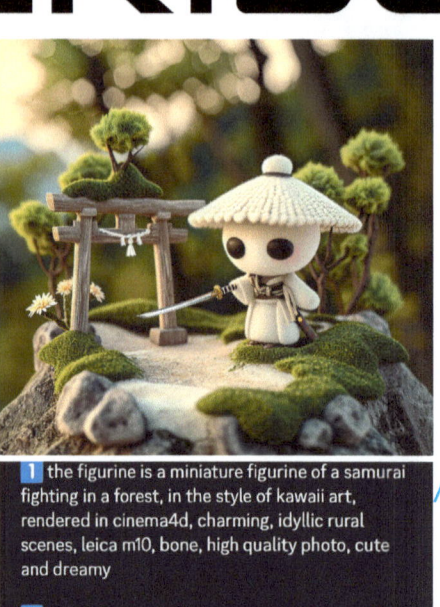

1 the figurine is a miniature figurine of a samurai fighting in a forest, in the style of kawaii art, rendered in cinema4d, charming, idyllic rural scenes, leica m10, bone, high quality photo, cute and dreamy

2 a little figurine with two swords in the middle of grass, in the style of unique yokai illustrations, charming, idyllic rural scenes, mike campau, exotic landscapes, cinestill 50d, cute and dreamy, light white and brown

3 miniature figurine with a machete and sword on grass is tucked away in a garden, in the style of unique yokai illustrations, rendered in cinema4d, cute and dreamy, fan ho, luminous landscapes, mark ryden, high quality photo

4 mini figurine with an asian village and an oblique view of an area with small trees, in the style of cinematic mood, digital painting, mingei, soft focus lens, white and bronze, cartoon-inspired pop, uhd image

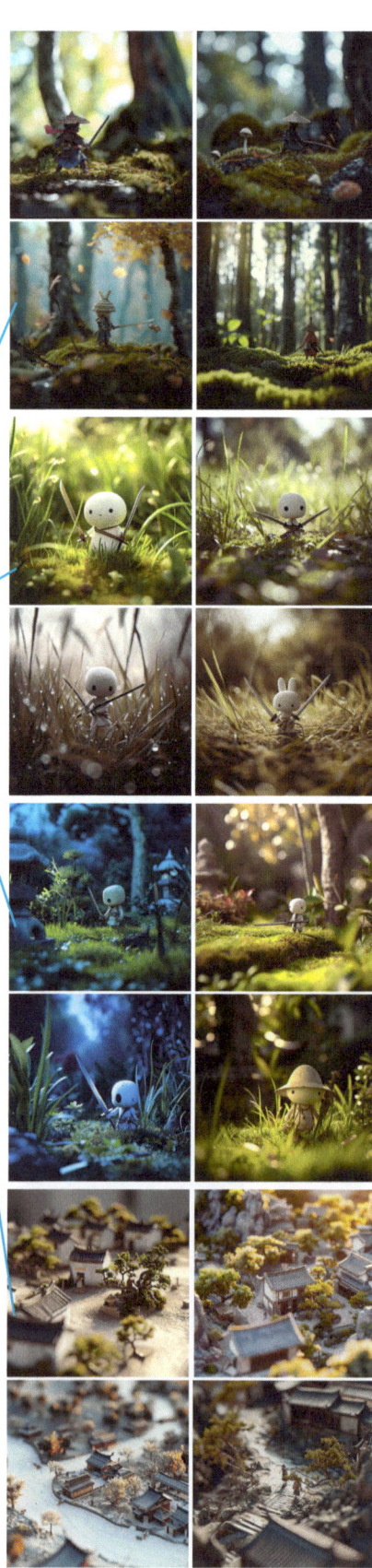

MidJourney

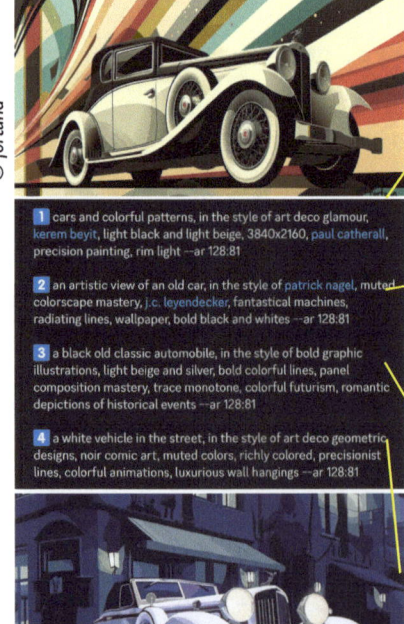

© fortuna

1 cars and colorful patterns, in the style of art deco glamour, kerem beyit, light black and light beige, 3840x2160, paul catherall, precision painting, rim light --ar 128:81

2 an artistic view of an old car, in the style of patrick nagel, muted colorscape mastery, j.c. leyendecker, fantastical machines, radiating lines, wallpaper, bold black and whites --ar 128:81

3 a black old classic automobile, in the style of bold graphic illustrations, light beige and silver, bold colorful lines, panel composition mastery, trace monotone, colorful futurism, romantic depictions of historical events --ar 128:81

4 a white vehicle in the street, in the style of art deco geometric designs, noir comic art, muted colors, richly colored, precisionist lines, colorful animations, luxurious wall hangings --ar 128:81

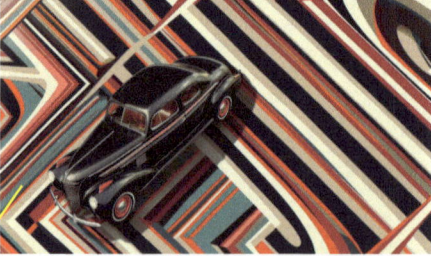

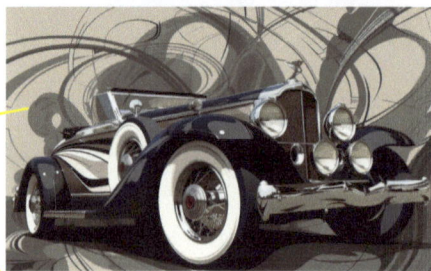

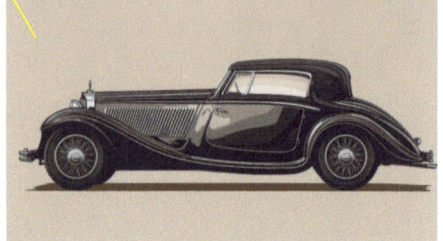

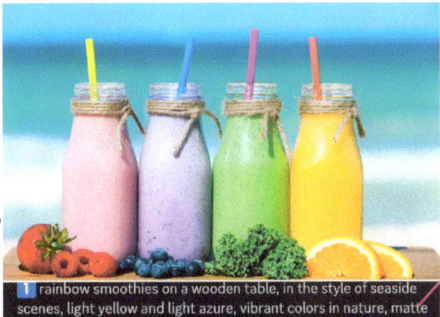

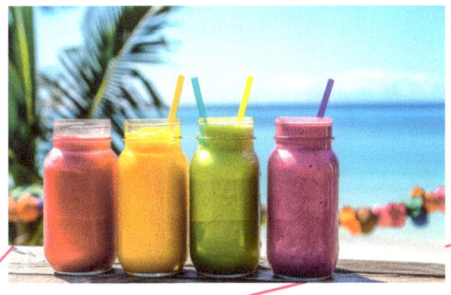

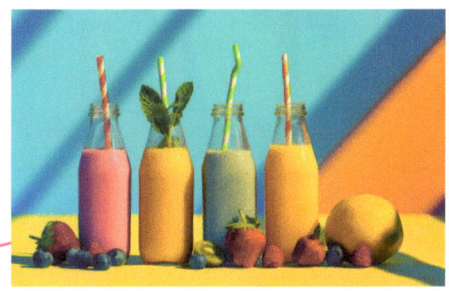

1 rainbow smoothies on a wooden table, in the style of seaside scenes, light yellow and light azure, vibrant colors in nature, matte photo, restored and repurposed --ar 128:85

2 smoothie in the morning for healthy living, in the style of colorful installations, colorized, use of bright colors, seaside vistas, light yellow and light blue, multiple styles, matte photo --ar 128:85

3 five bottles of liquid with fruits on top, in the style of sun-soaked colours, pastel colours --ar 128:85

4 colorful fruit smoothies are stacked together in a stack on a countertop, in the style of en plein air beach scenes, light yellow and light azure, eye-catching tags, creative commons attribution, light emerald and violet, matte photo, vibrant and lively hues --ar 128:85

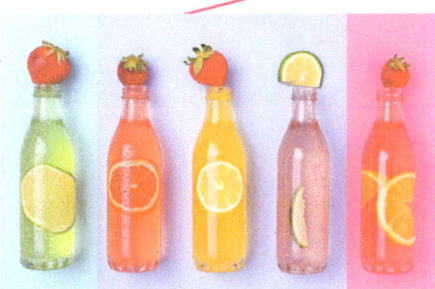

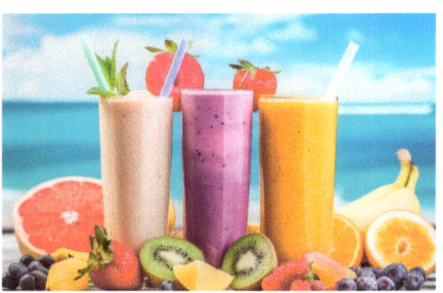

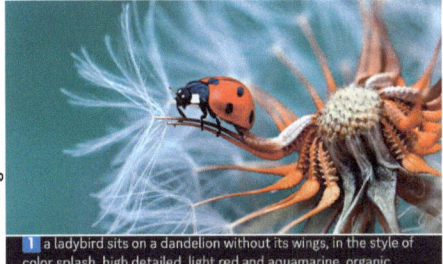

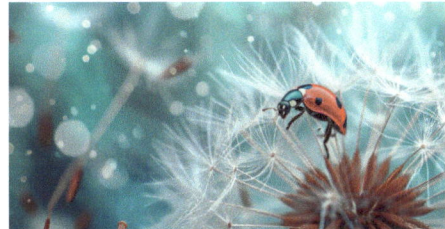

1 a ladybird sits on a dandelion without its wings, in the style of color splash, high detailed, light red and aquamarine, organic architecture, life-like avian illustrations, spectacular backdrops, polka dots --ar 16:9

2 a ladybird is found on a dandelion flower, in the style of surrealist symbolism, light red and dark aquamarine, feminine empowerment, flickr, light orange and white, uhd image, fine feather details --ar 16:9

3 a ladybird on top of a dandelion near blue, in the style of feminine sensibilities, magali villeneuve, fantastic creatures, polished metamorphosis, light red and black, humanistic empathy --ar 16:9

4 a small ladybug is standing on a dandelion, in the style of powerful symbolism, red and aquamarine, high detail, feminine empowerment, flickr, characterized animals, life-like avian

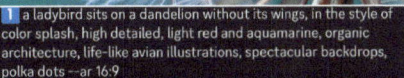

En este caso los cuatro prompts propuestos coinciden en muchísimos detalles con la fotografía original.

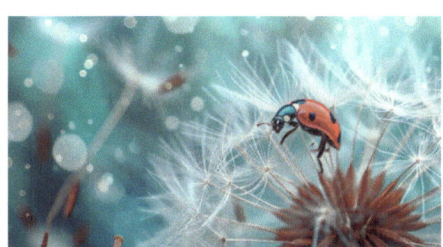

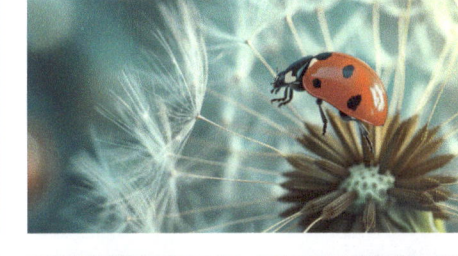

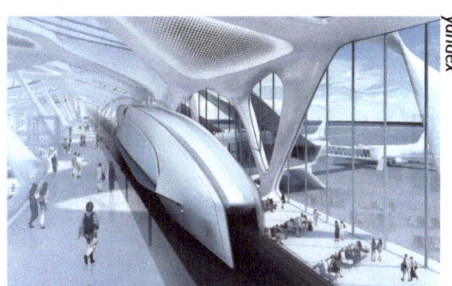

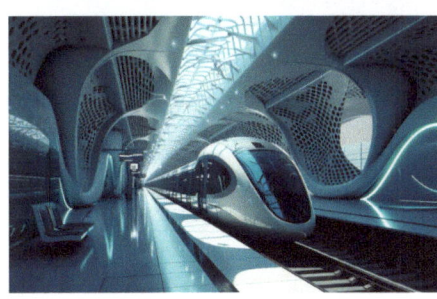

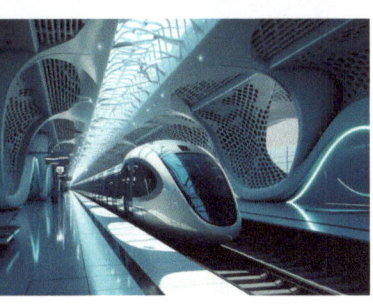

Apenas el segundo prompt se acerca a la idea de la ilustración original. De todos modos si que capta el aspecto futurista de la escena.

1 the project features a futuristic style eletro train station, in the style of light black and sky-blue, mark lague, organic form, uhd image, light silver and light beige, detailed ship sails, die brücke --ar 128:85

2 a futuristic train near an airport, in the style of realistic renderings of the human form, dark white and light aquamarine, opulent architecture, marine biology-inspired, dynamic energy flow, die brücke, meticulous linework precision --ar 128:85

3 a large complex is planned for a futuristic train station, in the style of light black and cyan, floating structures, white and silver, futuristic organic, detailed marine views, sleek, duckcore --ar 128:85

4 the futurist architecture of the hong kong train station, in the style of realistic renderings of the human form, futuristic spacecraft design, light white and light aquamarine, hyper-realistic water, rollerwave, precise nautical detail, elaborate spacecrafts --ar 128:85

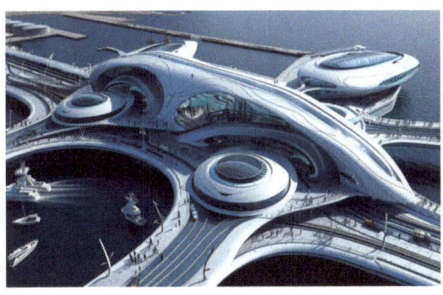

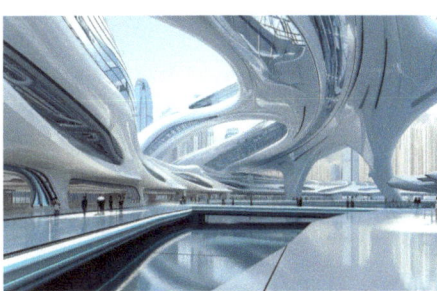

CIENCIA

¿Cómo interpretan las IA los conceptos tales como la tecnología o la ciencia? Ver lo que imagina una IA con un concepto científico es interesante puesto que más tarde ese concepto puede formar parte de un prompt más amplio y añadir esa interpretación a la escena. En Pixed nos gusta crear diccionarios visuales de listas de conceptos, como en este caso de ciencia. En las siguientes páginas veremos unos cuantos. Así es como ve la ciencia ahora mismo MidJourney, Stable Diffusion y Firefly:

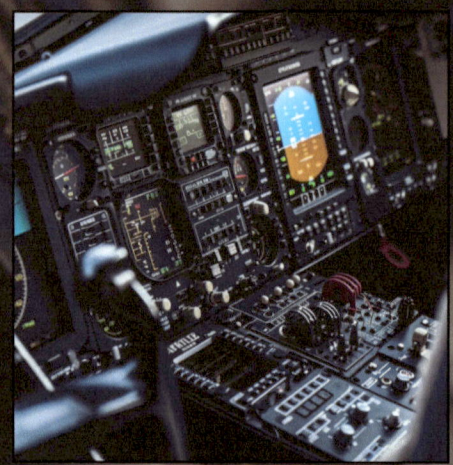
Avionics - science of electronic devices for aircraft

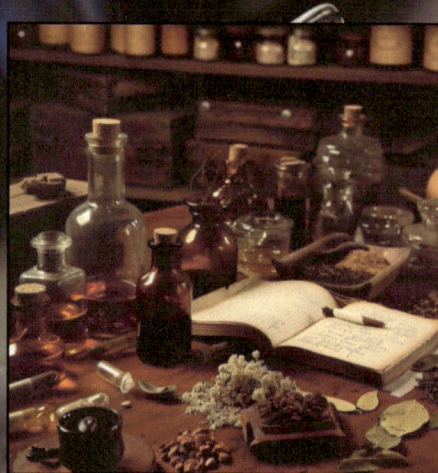
Aceology - science of remedies, or of therapeutics; iamatology

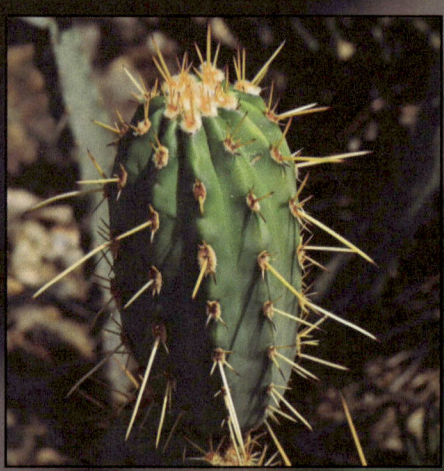
Acanthochronology - study of cactus spines grown in time ordered sequence

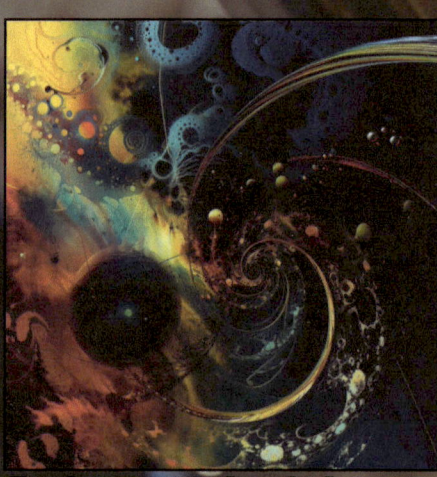
Chaology - study of chaos or chaos theory

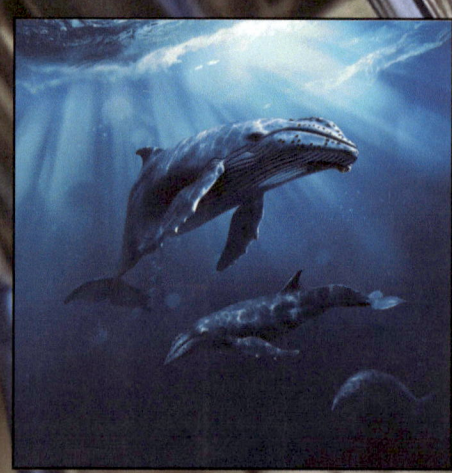
Cetology - study of whales and dolphins

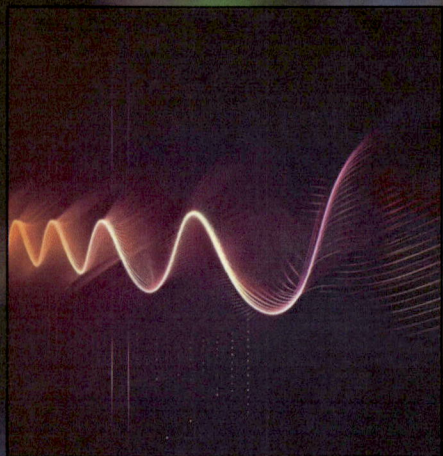
Acoustics - science of sound

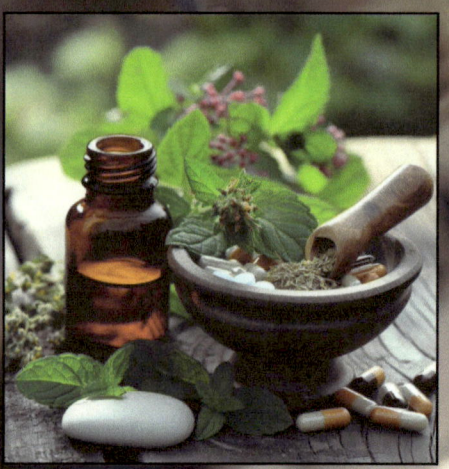
Acology - study of medical remedies

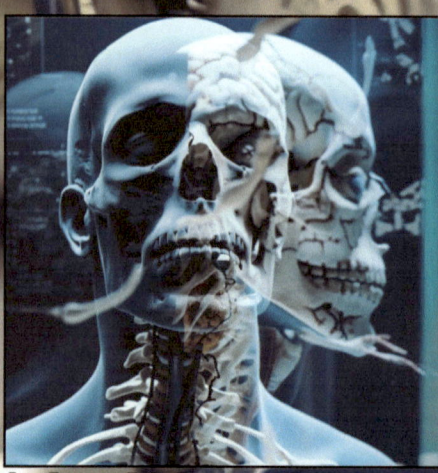
Anthropobiology - study of human biology

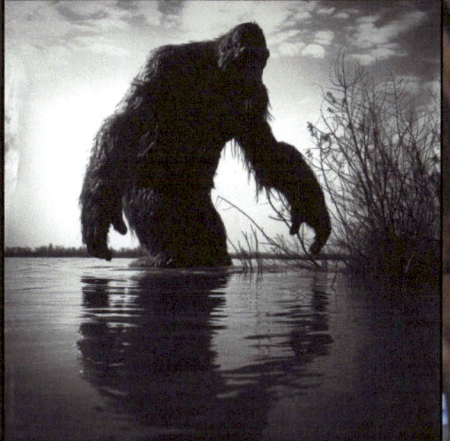

Cryptozoology – study of animals for whose existence there is no conclusive proof

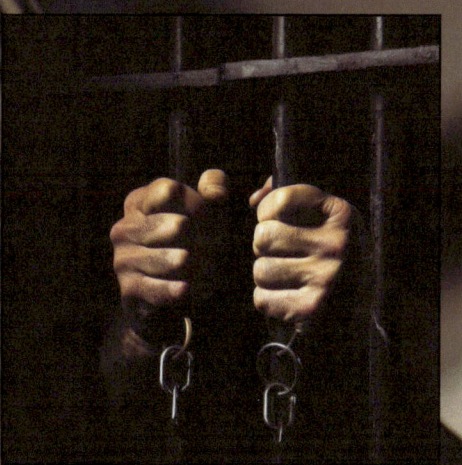

Criminology – study of crime and criminals

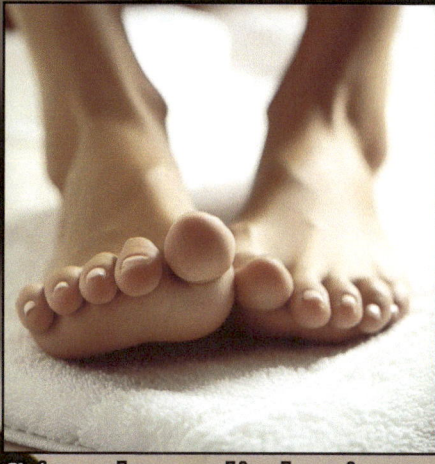

Chiropody – medical science of feet

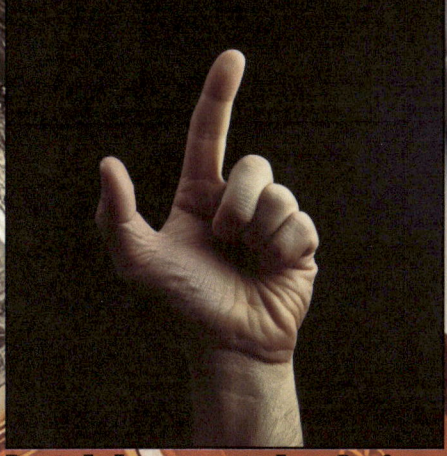

Dactylology – study of sign language

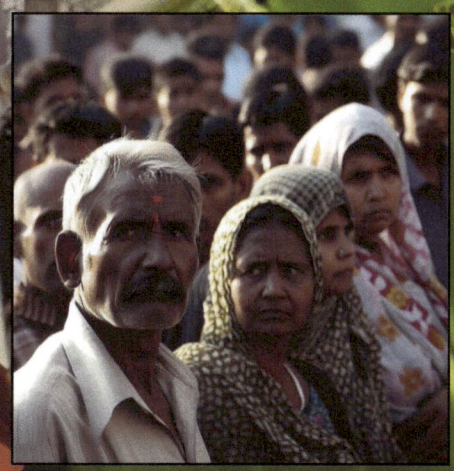

Demography – study of population

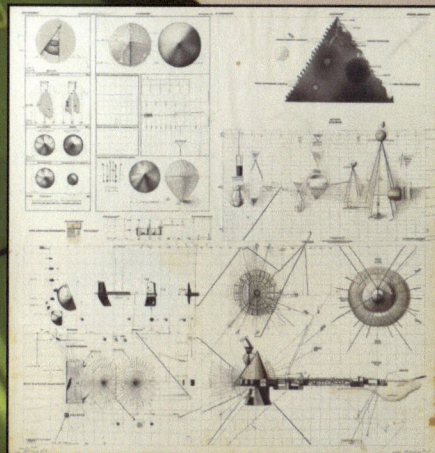

Diagraphics – art of making diagrams or drawings

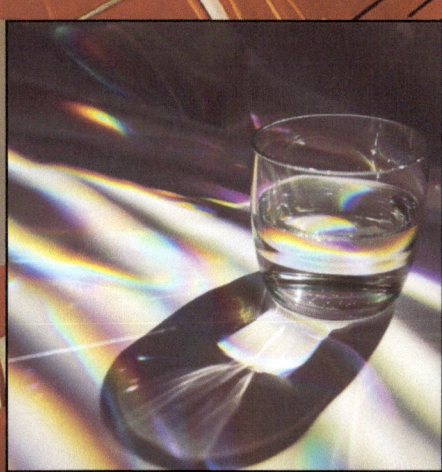

Dioptrics – study of light refraction

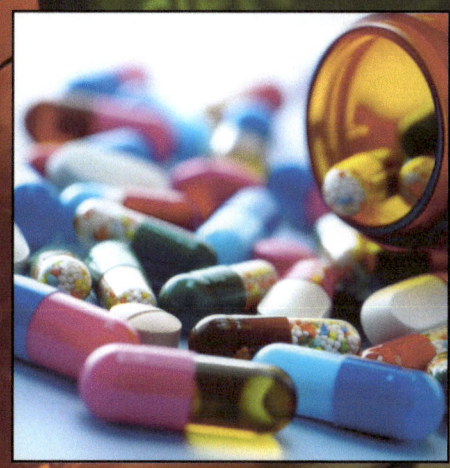

Dosiology – study of doses

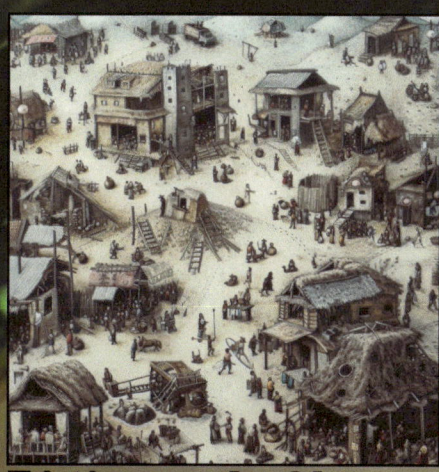

Ekistics – study of human settlement

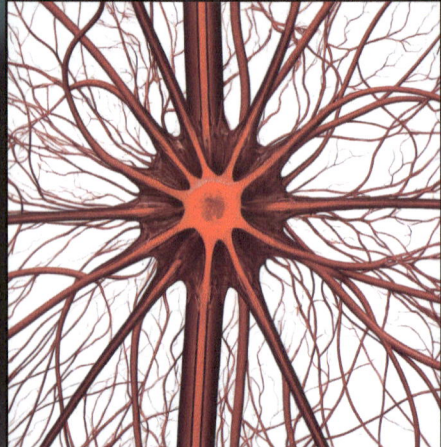

Haemataulics – study of
movement of blood through
blood vessels

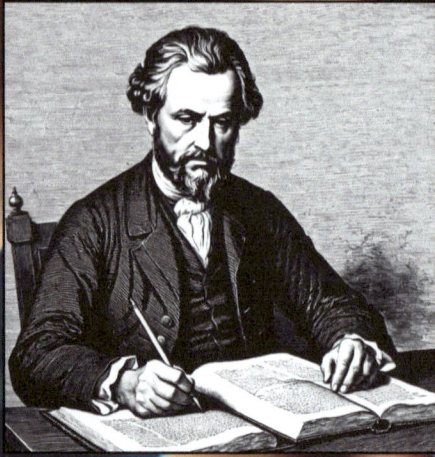

Historiography – study of
writing history

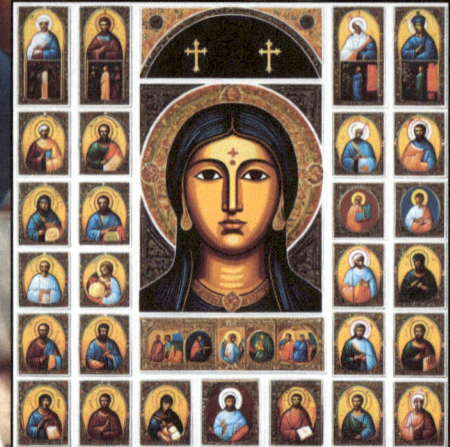

Iconology – study of icons;
symbols

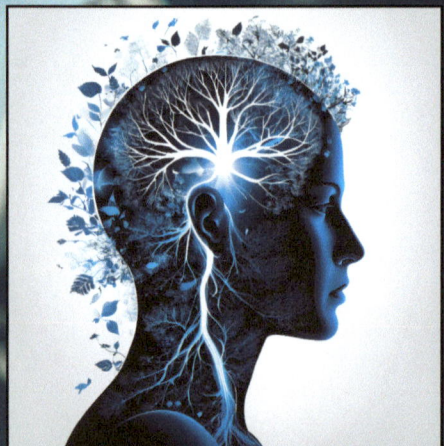

Metapsychology – study of
nature of the mind

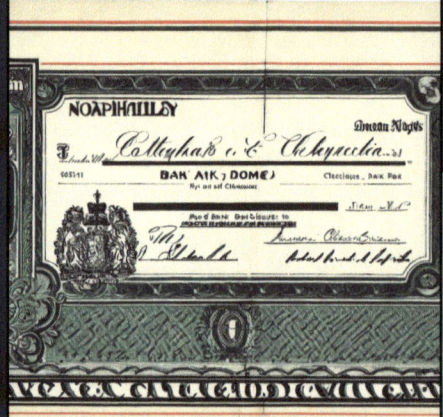

Notaphily – study and
collecting of bank-notes and
cheques

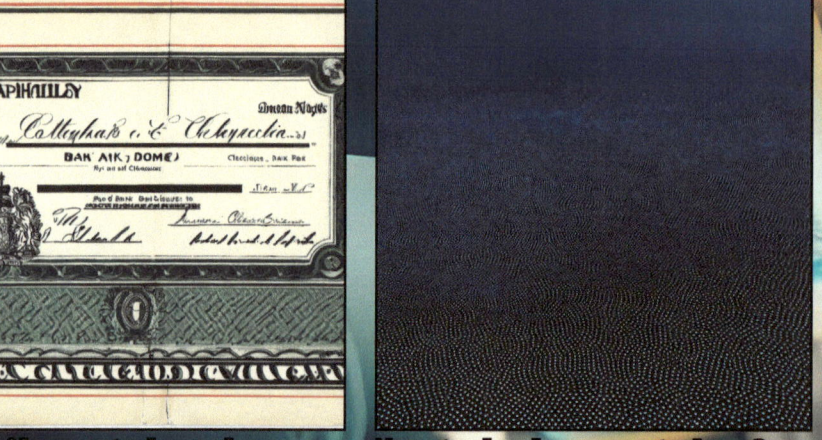

Nanotechnology – study of
nanite

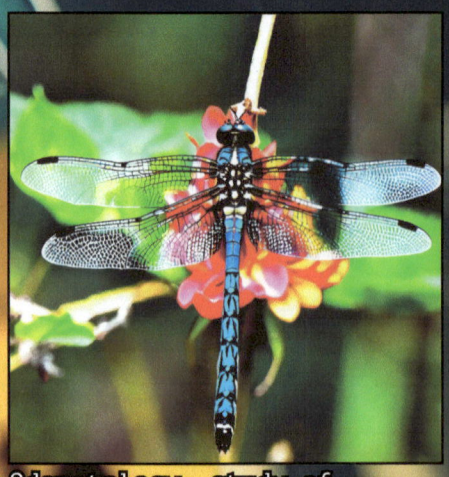

Odonatology– study of
dragonflies and damselflies

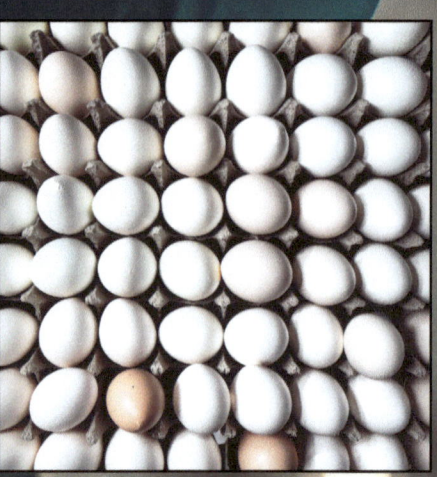

Oology – study of eggs

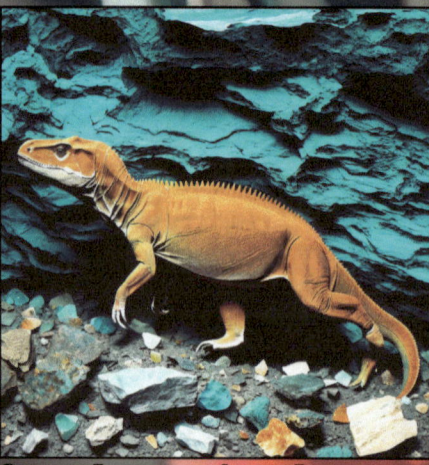

Oryctology – mineralogy or
paleontology

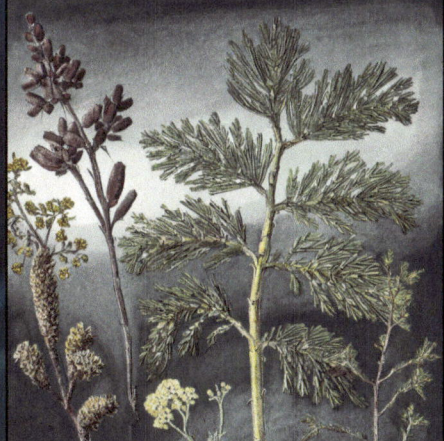

Paleobotany – study of ancient plants

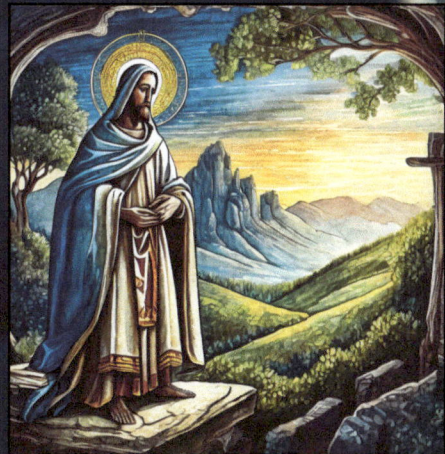

Patrology – study of early Christianity

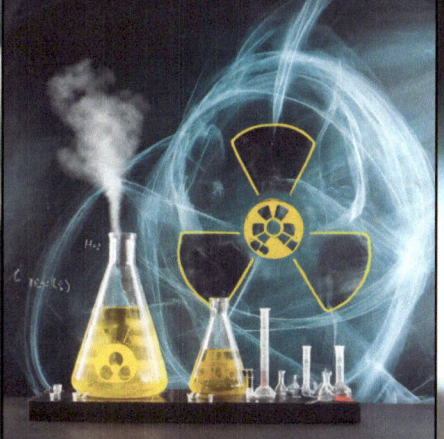

Radiochemistry – study of ordinary chemical reactions under radioactive circumstances

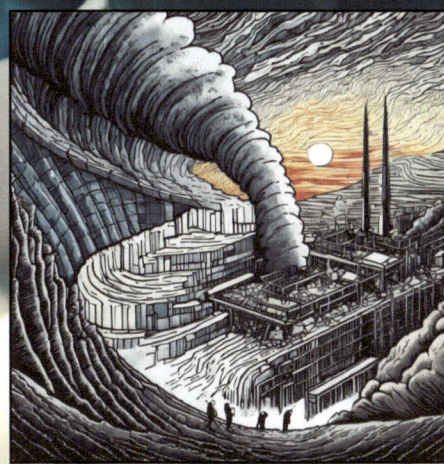

Seismology – study of earthquakes

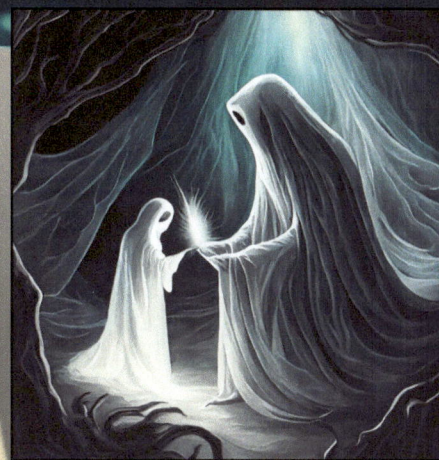

Spectrology – study of ghosts

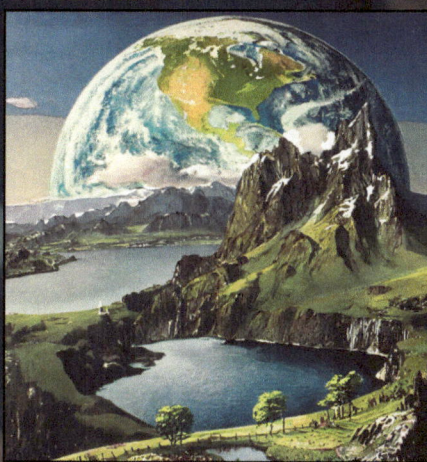

Terrestrial ecology – study of terrestrial environment

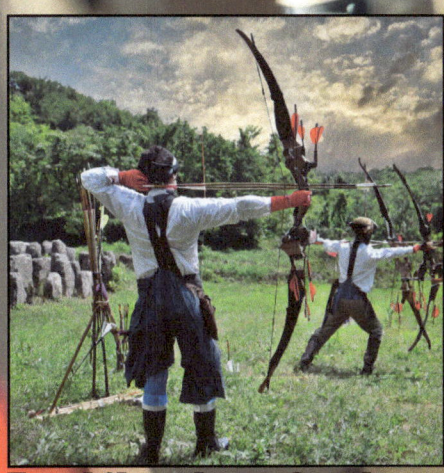

Toxophily – love of archery; archery; study of archery

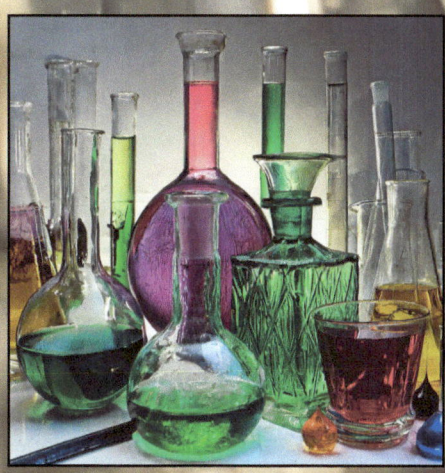

Vitrics – study of glassy materials; glassware

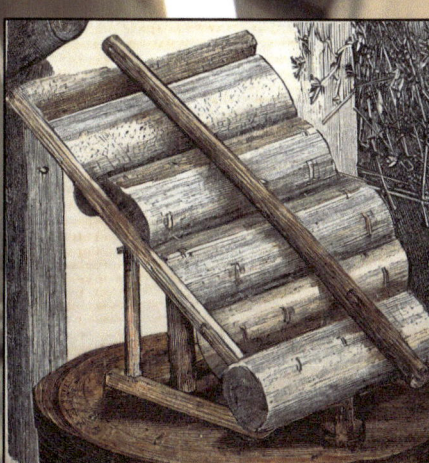

Xylology – study of wood

SELFIES

Desde la aparición de los Smartphones con cámara de fotos uno de los temas a fotografiar más extendidos son los selfies, las fotografías de uno mismo o de un grupo. Será narcisismo o no, lo cierto es que hay millones de selfies publicados en las redes sociales. Las IA generativas no podían ser menos y son capaces de crear selfies de casi cualquier cosa. Cuando decimos cualquier cosa es literal. ¡Cualquier cosa!

El prompt básico es cualquier persona, grupo u objeto seguido de la palabra clave "selfie" o "selfie group".

También sucede que según la descripción de la escena se produce un selfie espontáneo sin necesidad de especificar la palabra selfie.

Unos cuantos ejemplos:

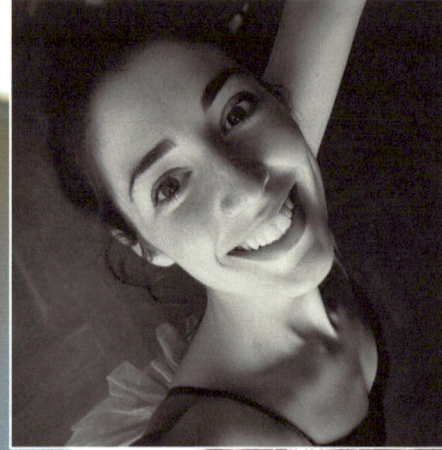
Classical dance ballerina selfie

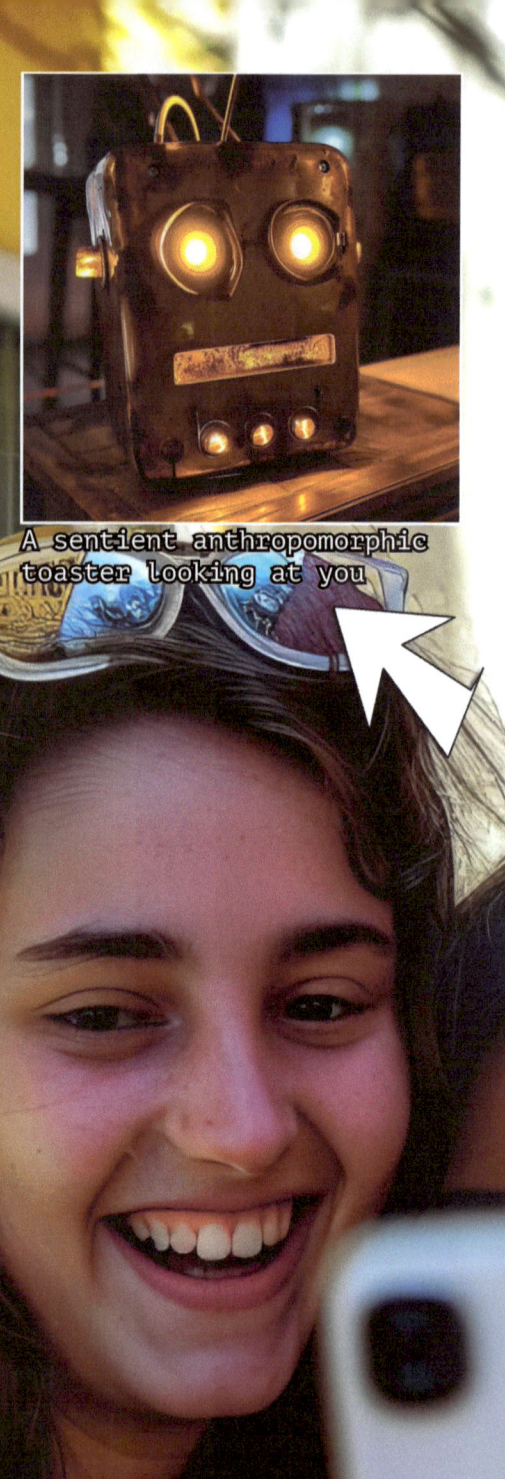
A sentient anthropomorphic toaster looking at you

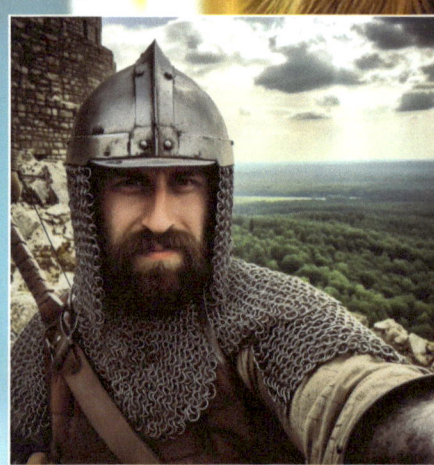
Medieval warrior selfie

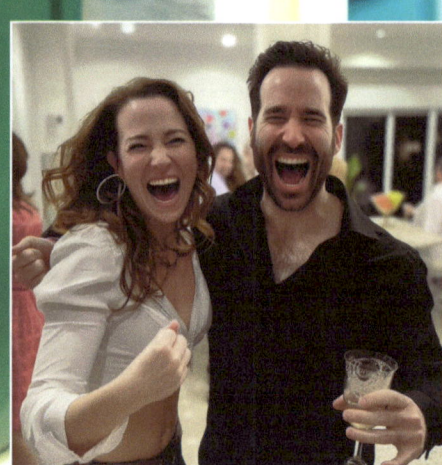
Total success! Happy! Great Party to celebrate!

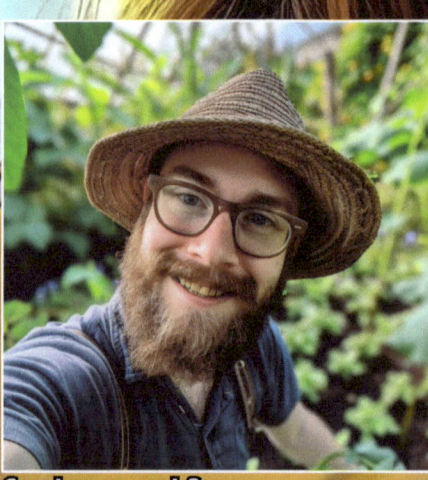
Gardener selfie

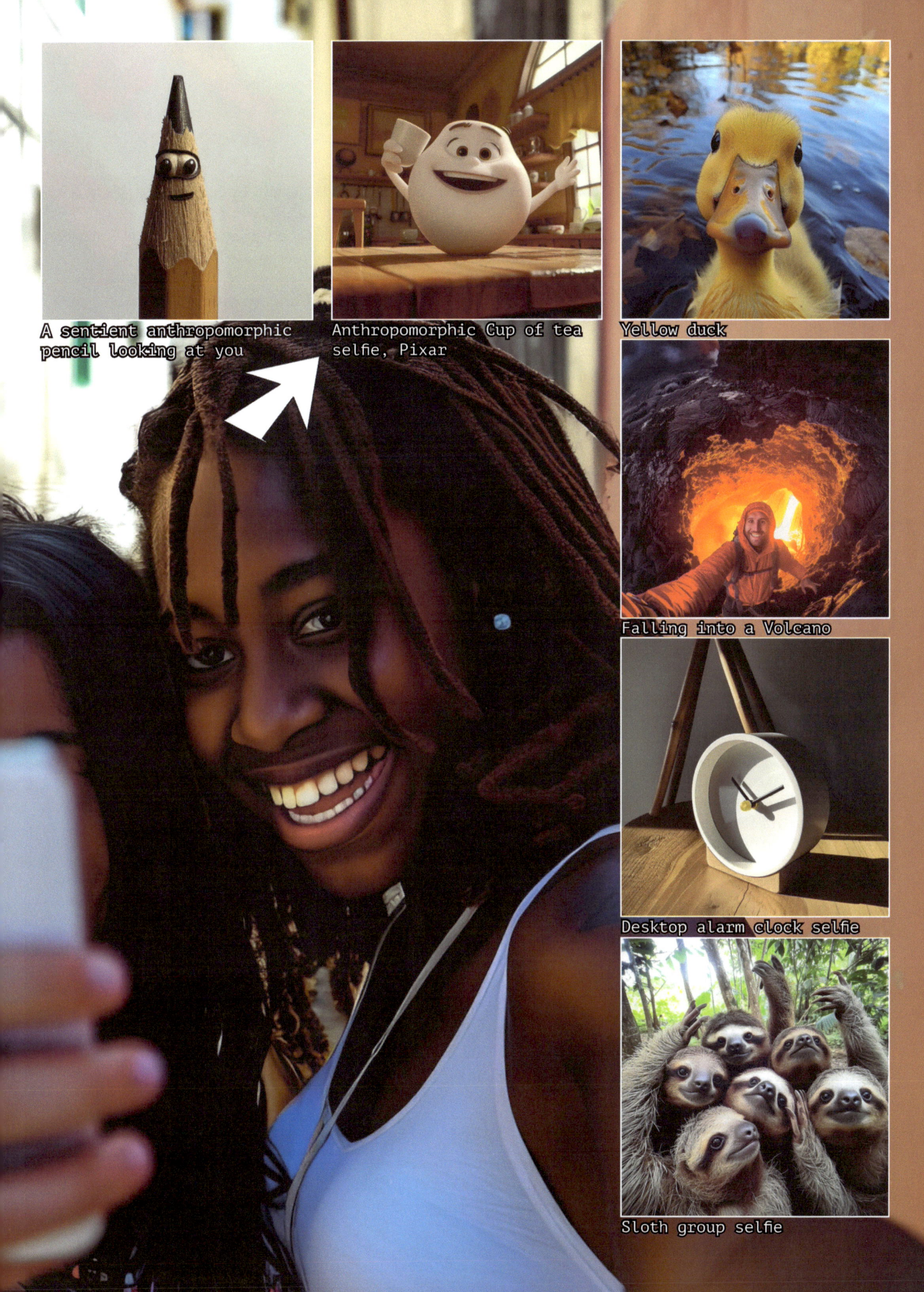

A sentient anthropomorphic pencil looking at you

Anthropomorphic Cup of tea selfie, Pixar

Yellow duck

Falling into a Volcano

Desktop alarm clock selfie

Sloth group selfie

OPTIONS

MidJourney dispone de toda una serie de comandos y parámetros de configuración que puede resultar abrumador. Lo mismo que con otras IA complejas, sin duda. Uno de esos comandos permite crear lo que llaman "options" añadiendo nuevos parámetros u opciones a nuestros prompts. Con un ejemplo se ve más claro.

Imaginemos que vamos a generar una serie de imágenes que comparten una buena parte del prompt entre sí, e incluso una serie de parámetros como el estilo, el nivel de caos, el ratio, etc. No queremos escribir cada vez toda esa información. Bien, en ese caso utilizaremos el comando /prefer para crear nuestra propia opción o parámetro.

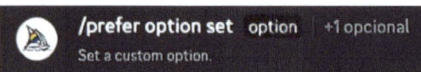

Para ilustrar el ejemplo utilizaremos el texto "Dramatical light, low angle, photography --ar 4:3 --style raw" y el comando completo sería:

```
/prefer option set Drama
value: Dramatical light, low
angle, photography --ar 4:3
--style raw
```

Si hemos escrito bien lo anterior aparecerá un mensaje informando de la creación de nuestra opción llamada Drama:

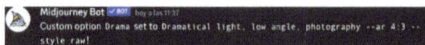

Ahora podemos crear cualquier imagen seguida de la opción --Drama sin tener que escribir todo el texto cada vez facilitando la generación de múltiples imágenes con esos mismos parámetros. Por ejemplo:

```
inside a manor main room
some people sits around a
long table waiting for dinner
--Drama
```

El prompt se expande a:

```
inside a manor main room
some people sits around a
long table waiting for dinner
Dramatical light, low angle,
photography --ar 4:3 --style
raw
```

de forma automática.

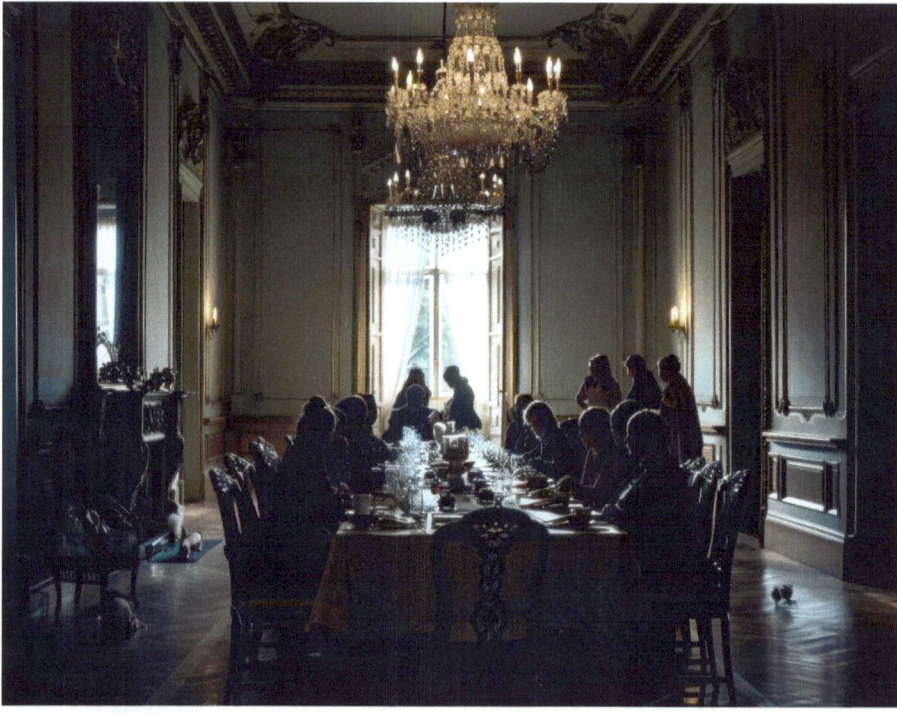

El uso de estas opciones personalizadas tiene una restricción. Hay que usarlas después del texto principal del prompt y antes de los parámetros de MidJourney. Es decir, no podemos usar --Drama al inicio del prompt, en medio del mismo o detrás de un parámetro como --ar --style, etc. Siempre tiene que estar entre el texto del prompt y los parámetros adicionales. Eso significa que si nuestra opción contiene parámetros deben estar al final del texto, tal como hemos hecho en el ejemplo. Es decir, se ha descrito la luz, el ángulo, etc y luego se ha añadido el ratio y el estilo, que son parámetros internos de MidJourney.

Estilos artísticos

Una de las aplicaciones interesantes de las opciones son los estilos de artistas, fotógrafos, etc. En lugar de usar cada vez "con el estilo de Tal y tal" tenemos la posibilidad de crear una opción como por ejemplo:

```
/prefer option set Picasso
value: Picasso pictoric style
```

Es muy simple y seguro que más útil cuando mezclamos estilos de dos o tres artistas:

```
/prefer option set Gothic
value: style of Giger and El
Bosco and Kris Kuksi
```

Nos gusta ir un paso más allá. Por muchas y diversas razones no queremos mencionar al artista ni copiar exactamente su estilo. Aquí entra en juego un pequeño truco gracias a ChatGPT. Recrear estilos y hacerlos propios, personalizarlos y adaptarlos a nuestras preferencias.

¿Cómo funciona esto? Sencillo. Abrimos una sesión de ChatGPT. Cualquier versión vale. La libre y gratuíta, la Team, cualquiera. Le enviamos este prompt:

Describe el estilo combinado de los siguientes artistas en 30 palabras separadas por coma y en inglés: H.R. Giger, El Bosco, Kris Kuksi

El resultado es:

Biomechanical, Surreal, Hieratic, Complex, Dark, Abstract, Allegorical, Intricate, Nightmarish, Symbolic, Grotesque, Macabre, Textured, Futuristic, Gothic, Organic, Apocalyptic, Esoteric, Fantastical, Sinister, Morbid, Psychedelic, Visionary, Ethereal, Baroque, Sculptural, Haunting, Hyper-detailed, Unnerving, Layered

La mezcla de artistas puede ser muy interesante. Para verlo podemos usar el resultado tal cual. Con una imagen no es problema. Pero si queremos aplicarlo a decenas de imágenes es mucho mejor crear una opción tal que:

/prefer option set GothicCombo value: [el resultado del prompt enviado a ChatGPT]

y generamos una imagen igual que antes, pero cambiando --Drama por --GothicCombo:

inside a manor main room some people sits around a long table waiting for dinner Dramatical light, low angle, photography --GothicCombo --ar 4:3

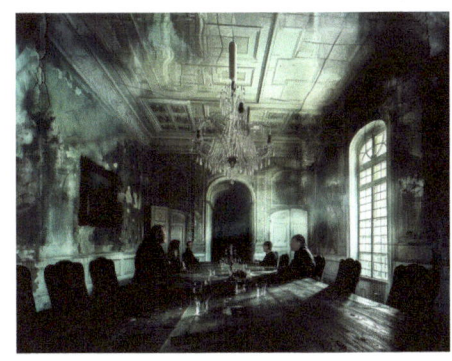

Como detalle a tener en cuenta, en este prompt se ha añadido el parámetro --ar después de la opción --GothicCombo, ya que ésta sólo describe el estilo. No hemos añadido ningún parámetro como antes.

¿Cuál es el resultado? Primero, la expansión del prompt:

inside a manor main room some people sits around a long table waiting for dinner Dramatical light, low angle, photography Biomechanical, Surreal, Hieratic, Complex, Dark, Abstract, Allegorical, Intricate, Nightmarish, Symbolic, Grotesque, Macabre, Textured, Futuristic, Gothic, Organic, Apocalyptic, Esoteric, Fantastical, Sinister, Morbid, Psychedelic, Visionary, Ethereal, Baroque, Sculptural, Haunting, Hyper-detailed, Unnerving, Layered --ar 4:3

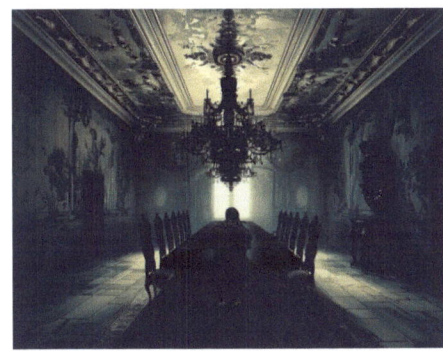

y seguidamente éstas son las imágenes generadas. Al margen del problema que sigue teniendo MidJourney con los grupos de gente en cuanto se refiere a las caras, el estilo combinado de la escena en general es realmente impactante.

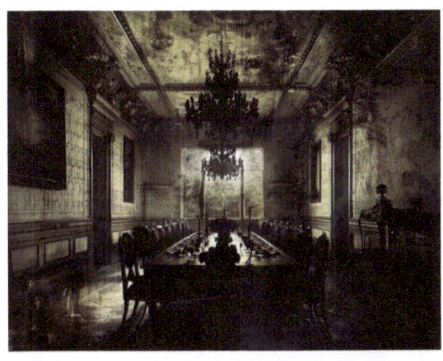

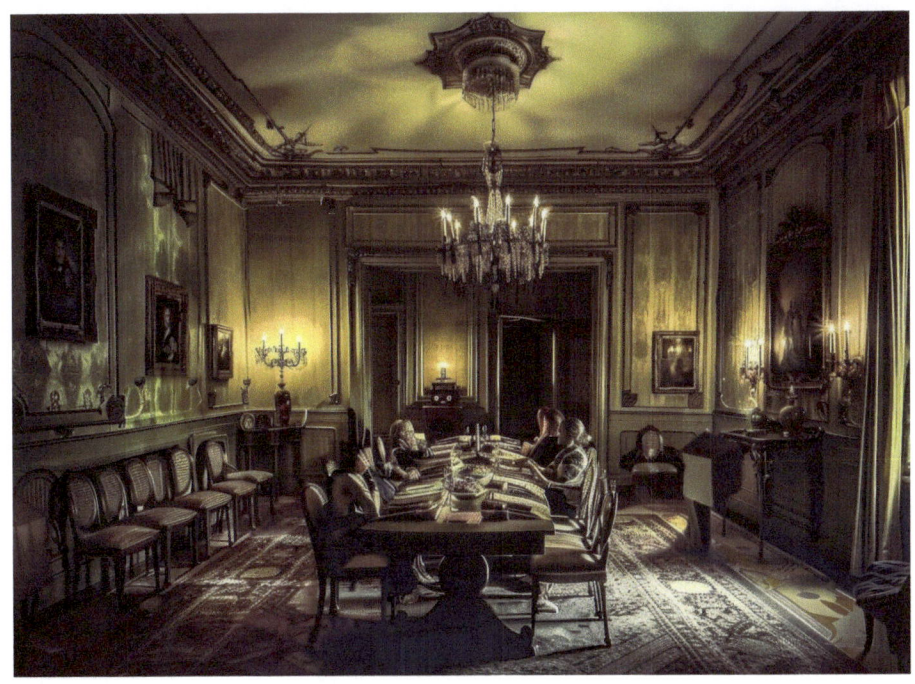

¿Qué más podemos hacer con estas preferencias? Cualquier cosa que implique un fragmento de un prompt, ya sea texto o parámetros, respetando el orden del prompt tal como hemos dicho.

Ejemplos de opciones:

`--magical:` Enchanting, mystical, supernatural, extraordinary, captivating, miraculous, mysterious, wondrous, fascinating.

`--Retro30:` Retro, hand-drawn, 1930s-inspired, challenging, colorful, whimsical, jazz-infused, boss-centric, unique, indie, homage, vintage.

`--ground-level:` Ground-Level Shot::10 Canon EOS-1DX Mark III camera with a Canon EF 24-70mm f/2.8L II USM lens::10

`--portrait:` - headshot portrait photography::5 beautiful rich photograph, with focal depth and a majestic blurring behind the subject's face::4 portrait photograph taken on a Canon EOS 5D Mark IV DSLR, f/5.6 aperture, 1/125 second shutter speed, ISO 100::3 portrait with natural rim lighting, shot on location, beautiful exposure, and high dynamic range of both color and light::3 black and white vintage photo with grainy, blurry, and deformed subjects::-2

`--musclecar:` - muscle-car fantasy landscape::5 high-contrast and bold colors, with detailed and realistic depictions of both cars and landscapes::4 digital painting, matte painting, photo manipulation, 3D rendering, realistic textures and details::3 dramatic lighting, epic scale, dynamic

composition, thrilling and adventurous mood::3 realistic, boring, or mundane features or elements that detract from the excitement of the image::-2

y sus efectos en diferentes prompts:

The Gray Witcher --magical

(Witcher está influenciado por la serie del mismo nombre, como es visible):

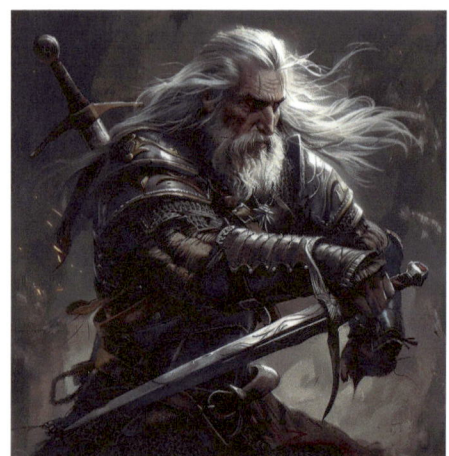

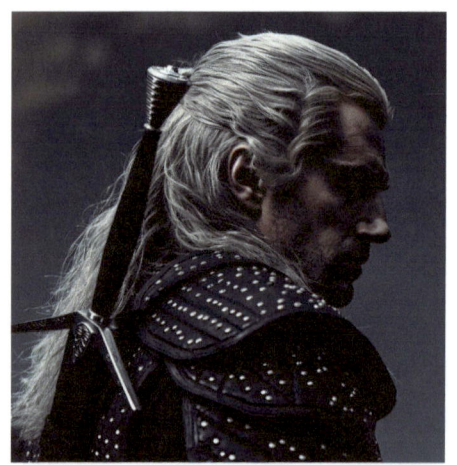

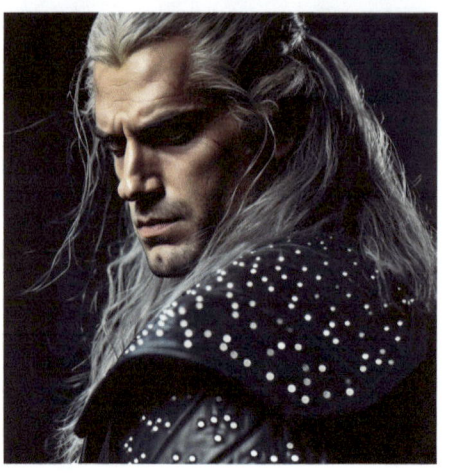

En el siguiente ejemplo creamos una escena de los años 30 con un estilo exagerado, colores muy saturados pero con la estética de un comic muy colorista y mágico.

Bugatti car parked in front of a night club --Retro30

y ¿qué ocurre con este estilo aplicado a una escena totalmente distinta que no corresponde a la época ni de forma remota?

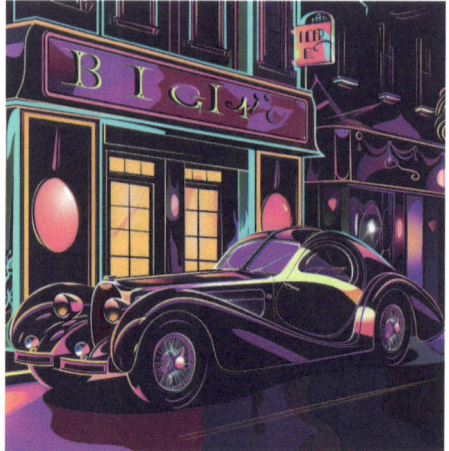

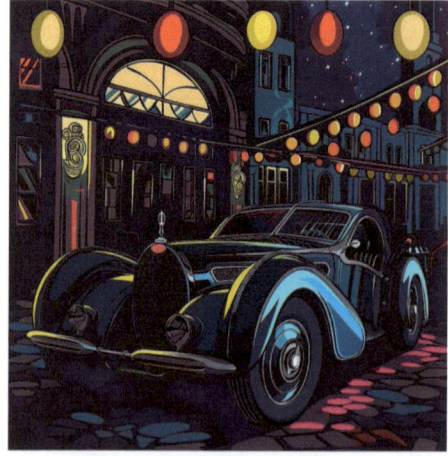

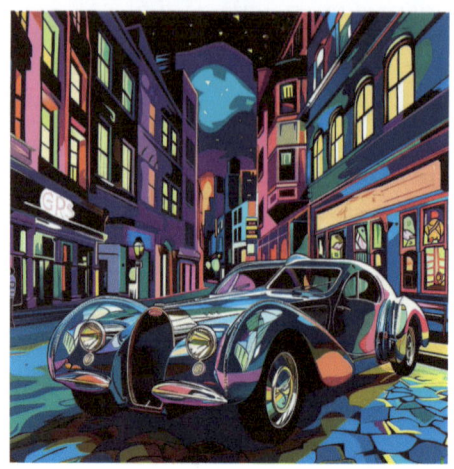

Algo así como:

```
Spaceship approach to Mars
--Retro30
```

¿Cómo interpretará el estilo para una escena futurista o al menos del espacio exterior? Pues como interpretaban el futuro en los años 30 o 40. Muy al estilo de Julio Verne!

Interesante.

Otro ejemplo:

```
Porsche Carrera 1980
--musclecar
```

El grid resultante cumple bien en tres casos, en el cuarto se inventa el vehículo. Ya sabemos que no siempre es preciso. El resultado es espectacular de todas formas. El componente pictórico está muy presente:

Finalizamos con la opción para retratos. Pensada para la versión 5 vemos como en la versión 6 es probable que sobre parte del prompt pero aún así lo utilizamos sin ninguna variación.

Prompt:

```
Coal miner worker --portrait
```

Es tu turno. ¡A investigar!

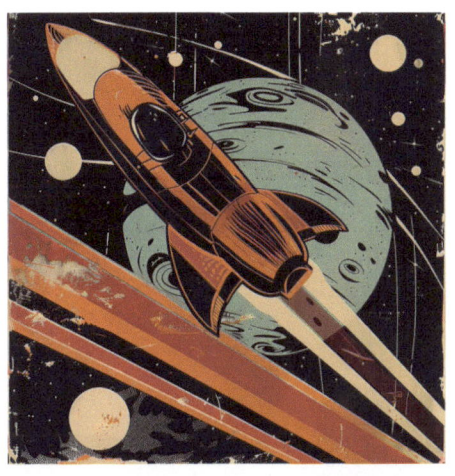
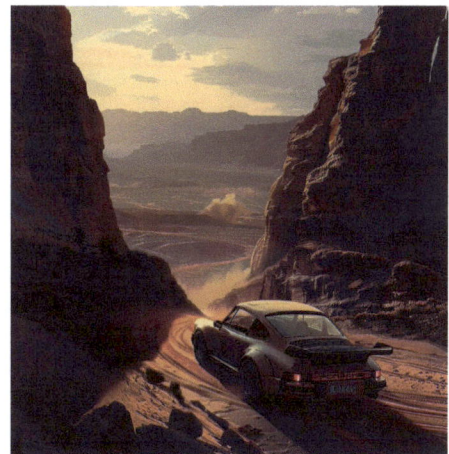
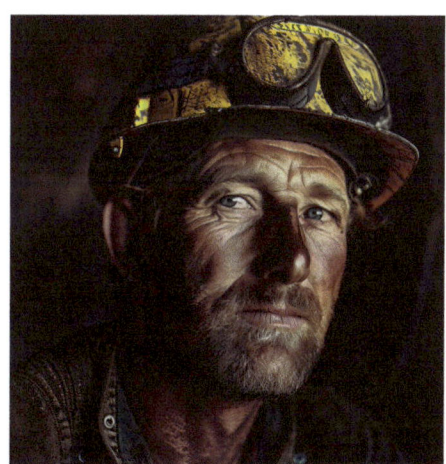
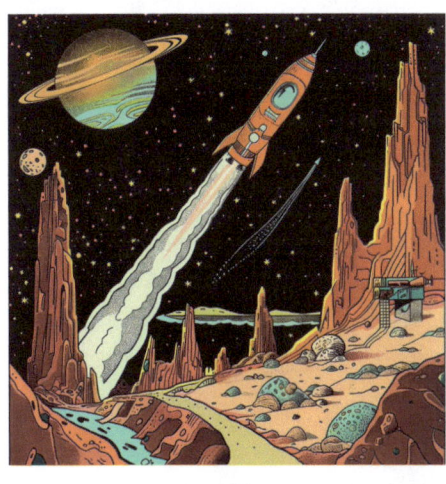
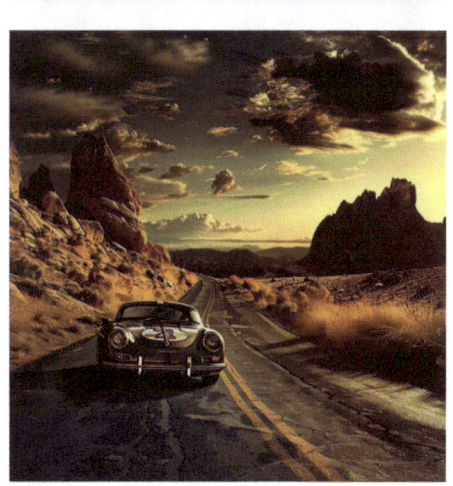
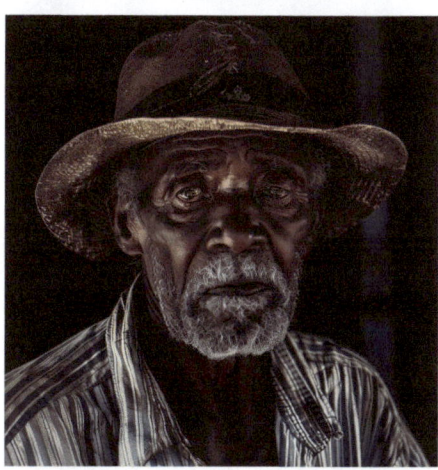
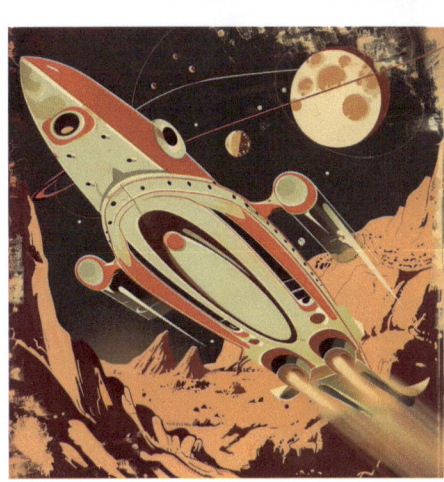
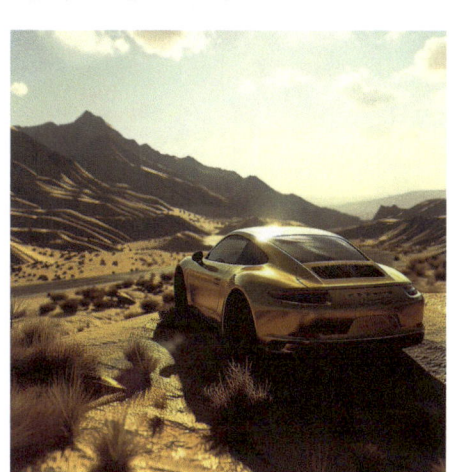
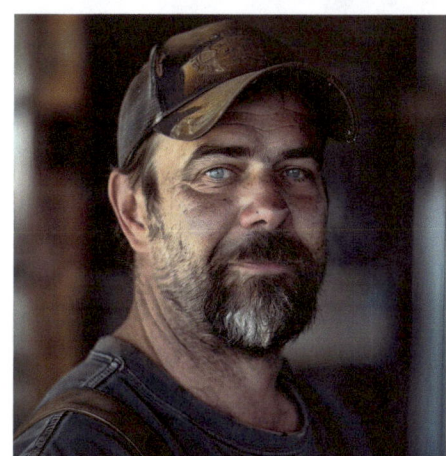

SDXL

SDXL es como el hermano mayor de Stable Diffusion. Dicen que es mejor, más rápido.... parece que tiene mejores posibilidades, quizás incluso mejores modelos. Tiene sus cosas buenas y malas. Entre las malas para nuestro gusto es la interface. Os presentamos ComfyUI una de las posibilidades. Basada en nodos, ComfyUI es ideal para los que gustan de ensuciarse las manos trasteando y configurando cosas.

Funciona a base de nodos enlazados que pueden enviar y recibir el contenido propio o de otros nodos e ir procesando todo lo que queramos. Desde el prompt puro y duro hasta referencias a otras imágenes, generaciones múltiples, mezclar modelos entre sí, etc. Lo dicho. Si eres de trastear sin duda éste es tu juguete ideal para generar imágenes. Checkpoints, Loras, VAE, samplers... y todo lo que se te ocurra.

Para instalar ConfyUI hay varias opciones. En Pixed hemos optado por ésta:

https://github.com/comfyanonymous/ComfyUI?tab=readme-ov-file

En este repositorio se explica cómo instalar el entorno en Linux, Windows e incluso en Mac. Cada cual tiene sus particularidades. En algunos pasos encontraremos problemas de compatibilidad, alguna librería que no funciona en nuestra máquina, etc. Hay que tener paciencia. No es ciencia exacta y desde aquí sólo podemos recomendar una cosa: tomar nota de cada paso y registrar cada posible mensaje de error y actuar en consecuencia. Utilizar Google o ChatGPT para encontrar respuestas a dichos errores y seguir adelante.

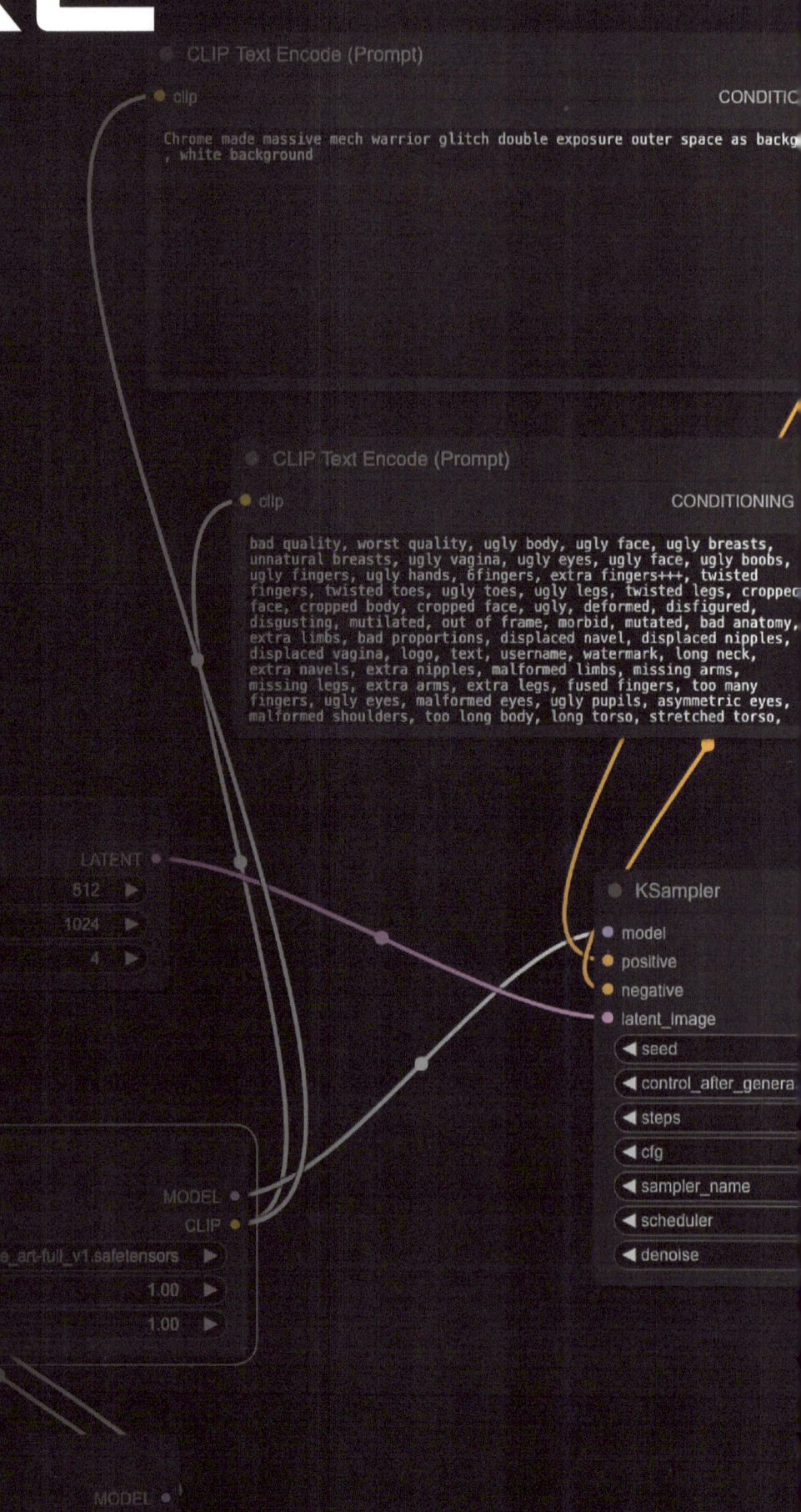

Save Image

images

filename_prefix

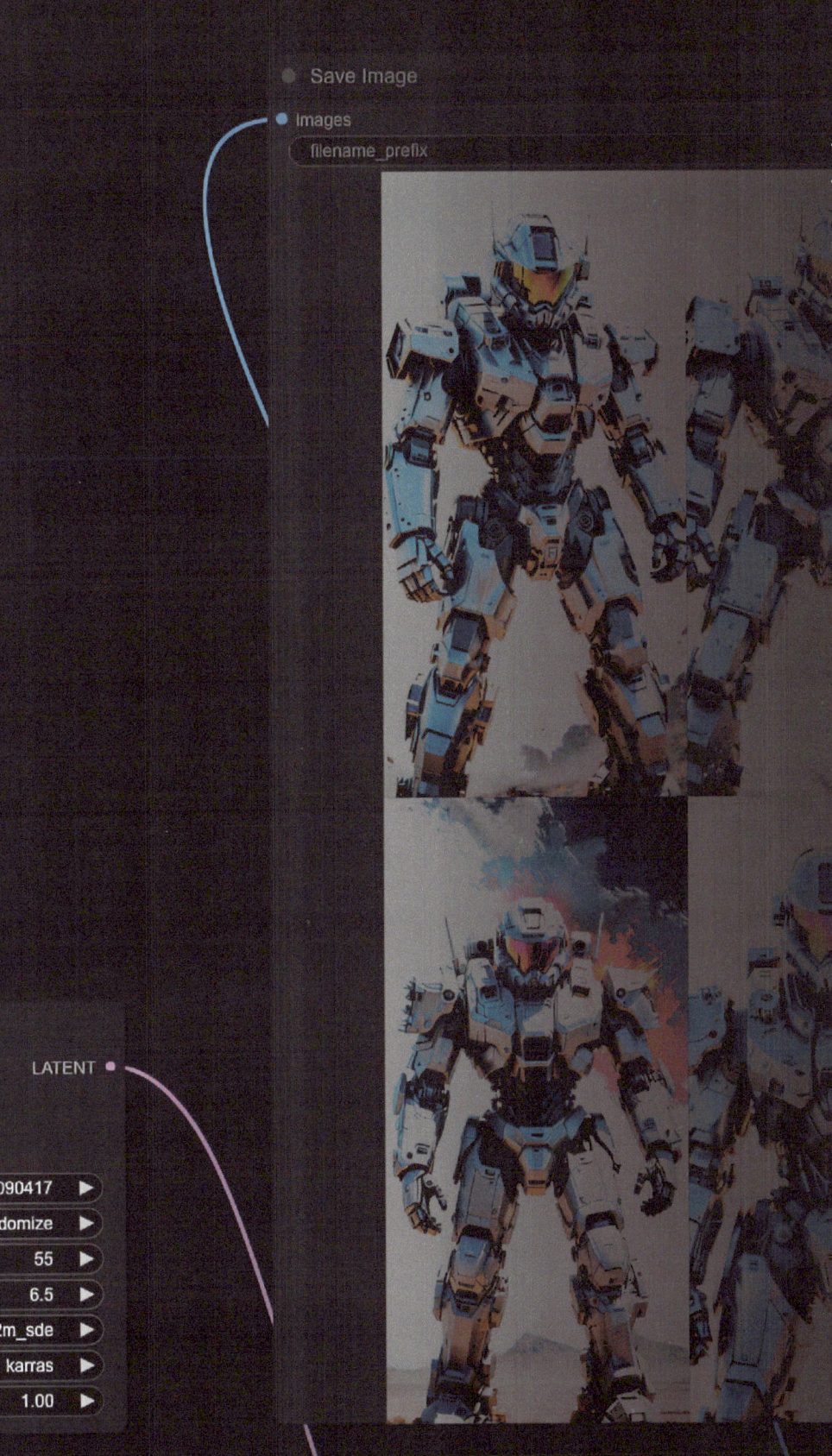

Trabajar con nodos tiene sus ventajas e inconvenientes. El mayor inconveniente es que para el recién llegado al mundo de Stable Diffusion o de las IA generativas de imágenes en general puede ser abrumador. ¿Qué es cada nodo? ¿Para qué se utiliza? ¿Cómo se conectan y en qué orden? Partiendo del ejemplo base que trae ComfyUI podemos hacernos una vaga idea de su funcionamiento. Sin embargo su complejidad es su ventaja. No es una interface fijada y por tanto no está limitada. Si queremos tener dos samplers encadenados, se puede. O generar más de una variante de imagen. Usar imágenes de entrada como referencia. Reescalar la salida antes de que se grabe la imagen final. Utilizar checkpoints, Loras, samplers, VAE y todo lo que se nos ocurra mezclados entre sí, combinados para conseguir un estilo propio o una calidad extrema.

Ahí entra el estudio profundo de cada componente y cómo afecta a la entrada y salida de los otros nodos. Es ingeniería de generación de imagen hecha de forma visual.

No es para quien tenga prisa precisamente.

Volveremos a ComfyUI en otra ocasión. En el siguiente artículo vamos a ver una alternativa más amigable con el usuario.

LATENT

8910090417

randomize

55

6.5

pp_2m_sde

karras

1.00

VAE Decode

samples   IMAGE

vae

invoke AI

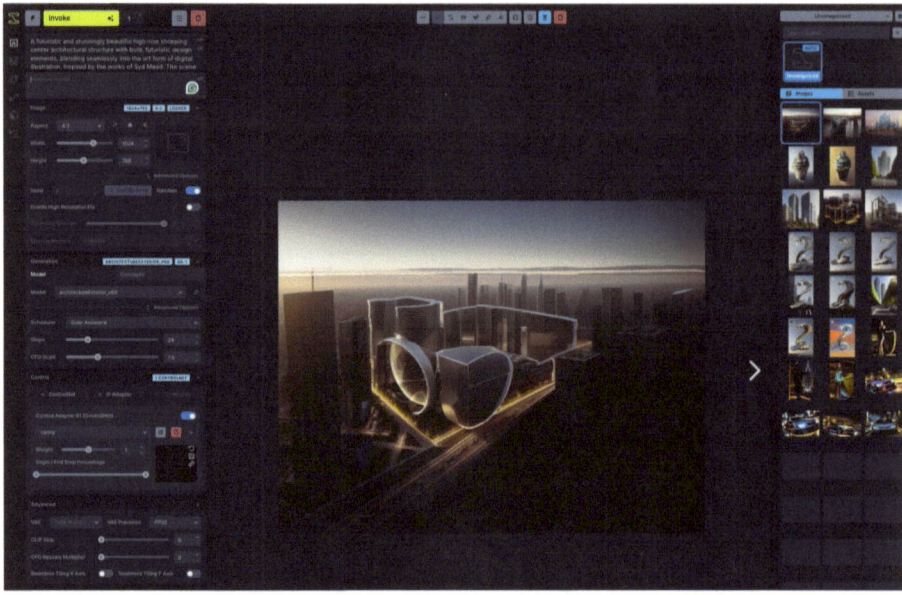

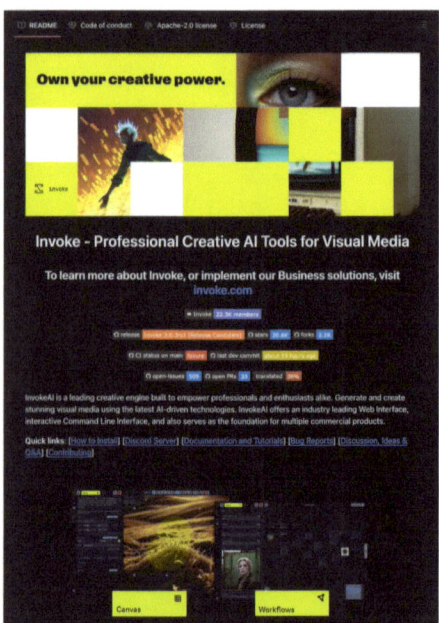

Antes de empezar a utilizar la interface Web será necesario instalar algunos modelos. El paquete lleva unos pocos para elegir. Es posible importar nuevos modelos desde la interface de terminal con la opción 4. El único problema es que invokeAI sólo utiliza diffusers, así que o bien utilizamos los repositorios de modelos de Huggingface o si queremos aprovechar otras fuentes, como Civitai, debemos descargar dichos modelos y colocarlos en la carpeta /Autoimport dentro de la instalación de invokeAI. Esto provocará que invokeAI lea los modelos y los convierta a su conveniencia. Es todo muy sencillo y rápido. ¿Quién dijo que no podríamos usar **Juggernaut** o **RealVision**? ¡Pues claro que sí!

En la captura se está utilizando el modelo **ArchitectureExterior 6.0** de Civitai. Gracias al Control Adapter ControlNet se ha fijado una imagen de referencia de tipo *canny* (la que toma por defecto al cargar una imagen). Euler Ancestral como Scheduler, apenas 24 pasos, CFG de 7.5 y poco más. Un aspecto 4:3 adecuado a las ilustraciones utilizadas y ya tenemos imagen lista para ser generada. Cambiamos el selector de número de imágenes por lote (junto al botón amarillo Invoke y lanzamos el proceso. La terminal donde se ejecuta Invoke se va llenando de mensajes de aviso. Sirven para ver tiempos de ejecución, estado de la misma, etc. Si todo va bien en breve aparecerán las imágenes a partir del modelo propuesto y de la imagen base cargada en el sistema. Según

por la cantidad de componentes y de controles de errores que incluye. Cabe decir que como proceso largo y complejo que es (totalmente automatizado) es admirable no encontrar ni un solo problema durante el mismo. Al final se obtiene un ejecutable, también en modo terminal, con varias opciones:

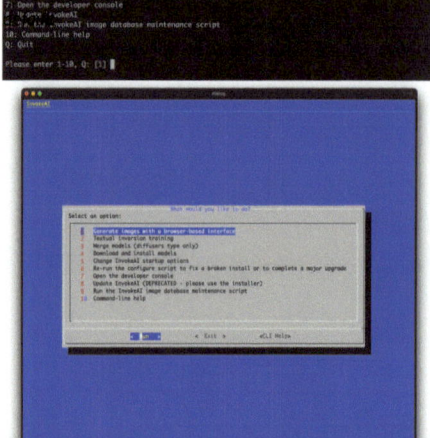

modo dialog
Se activa instalando el paquete dialog desde el sistema, con apt-get o brew

invokeAI es la alternativa a ComfyUI y muchos otros entornos, como Automatic1111 y similares para poder ejecutar Stable Diffusion y SDXL. En el enlace que os proporcionamos al final se encuentra el repositorio de la versión gratuíta y libre. Siguiendo sus pasos nos encontramos con un instalador en modo terminal realmente espectacular. No por el aspecto visual, ya que es un script de terminal, si no

architecture_Exterior_SDlife_Chiasedamme_V6.0
https://civitai.com/models/126660?modelVersionId=138529

la configuración que tengamos la generación será más fiel o menos a la imagen de referencia. Dejándolo todo con sus valores de origen el resultado está bien. A partir de ese momento y jugando con los controles tenemos un sinfín de posibilidades:

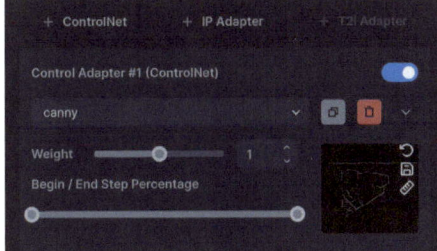

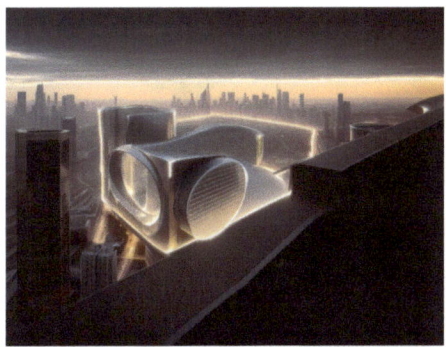

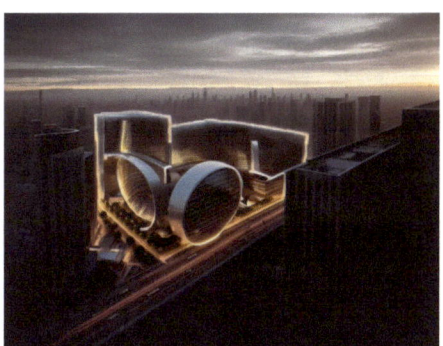

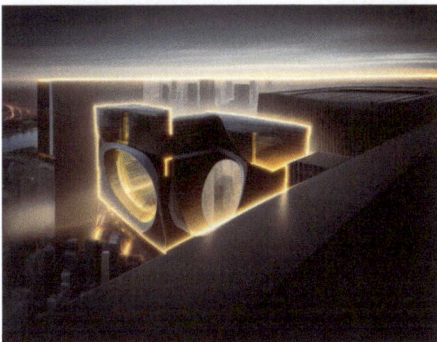

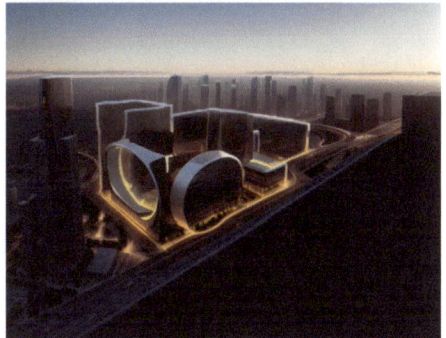

Aplicar silueta, mapa de grises, esquema de puppetting, etc. a partir de la imagen. Peso de la misma (a menor peso menos influencia). Cuando tiene que empezar y parar dicha influencia (algo para experimentar), etc. Es solo uno de los apartados configurables de InvokeAI en la opción Text to Image. Hay mucho más. En la barra lateral izquierda de la interface encontramos: Image to Image, Unified Canvas, Workflow Editor, Model Manager y Queue. Es una paso más allá de Automatic1111 o Forge. Tenemos la suma de varias interfaces conocidas y podemos usar la opción que más se adapte a nuestras necesidades y conocimientos. Por ejemplo el Workflow Editor es exactamente lo mismo que ComfyUI pero con un

mejor control de la interface y mucho más detalle. Los flujos de trabajo pueden guardarse y cargarse aunque no todos son compatibles. Por ejemplo los de ComfyUI o incluso las imágenes PNG que contienen toda la información parece que no le gustan demasiado. El nivel de detalle de los nodos que utiliza Invoke es muy alto y específico. Tal vez por eso no son 100% compatibles.

Otra de las opciones del menú general es el Model Manager con el que disponemos del control de todos los aspectos de cada modelo así como su edición y gestión. En suma, Invoke es un paso más allá de lo que

estamos acostumbrados a ver como interfaces para Stable Diffusion y SDXL.

Nuestra recomendación para los nuevos usuarios es que empiecen por la primera opción, Text to image y por descontado estudiar bien el lenguaje que usa Invoke en los prompts. La posibilidad de crear permutaciones con palabras alternativas incluídas entre llaves y separadas por el caracter | tal como: {rojo|azul|verde} o {luz diurna|luz nocturna} etc. permiten generar un lote de imágenes muy diverso a partir de un prompt único.

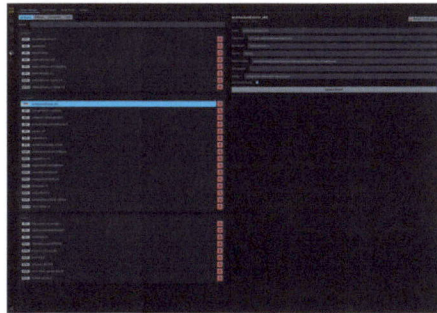

Happy *prompting*!

https://invoke-ai.github.io/InvokeAI/

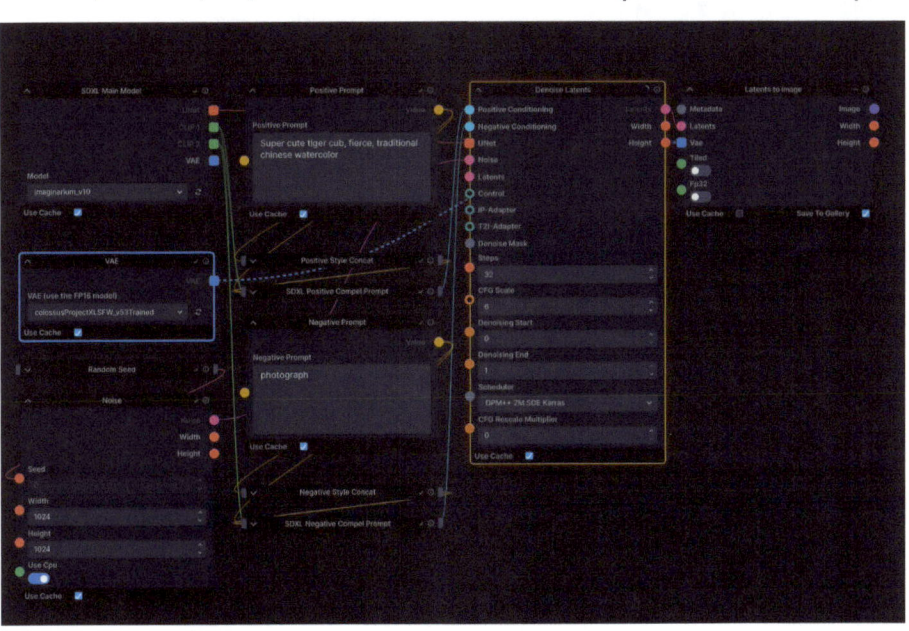

FIREFLY STYLES

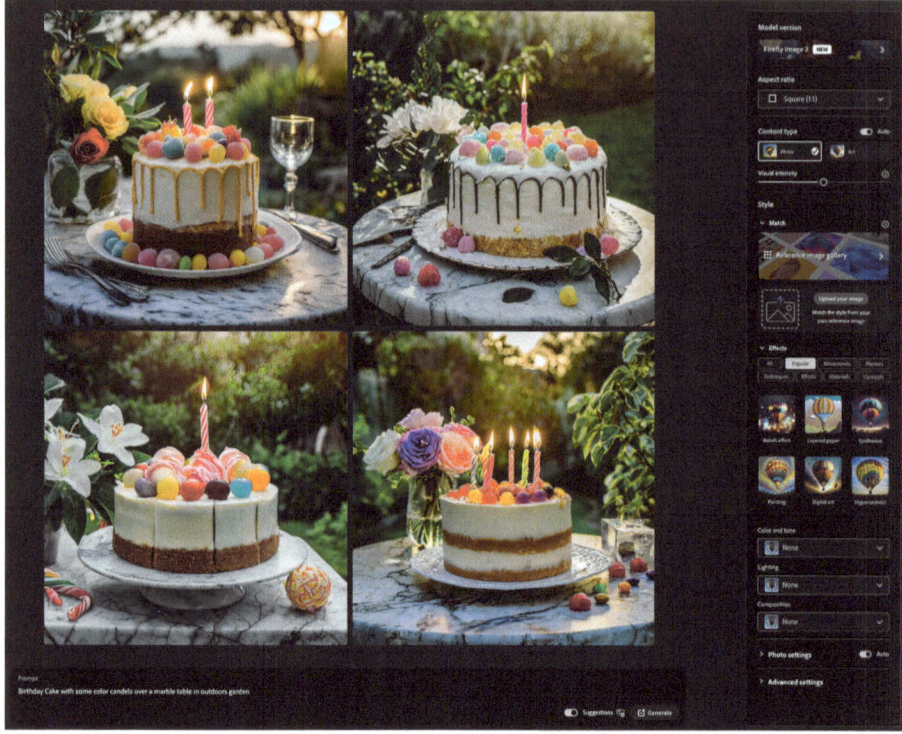

Elegiremos las de tipo más artístico para ver el impacto sobre las imágenes. En realidad sobre nuestro prompt, ya que Firefly generará nuevas imágenes a partir de la imagen de referencia elegida y el prompt.

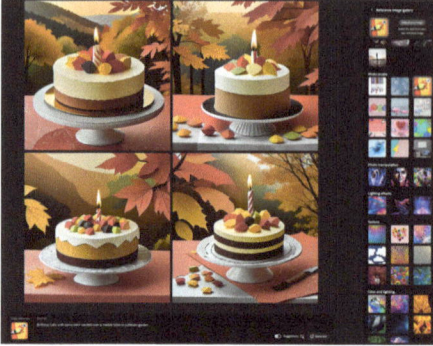

Este es el resultado eligiendo la tercera imagen de la categoría Photo Studio. La única parte "real" que se aprecia es la llama de la velita. Lo demás es pura ilustración 3D con estilo de recorte de papel u origami. Curioso.

Veamos otro estilo. Bajo la categoría Pencil elegimos la primera imagen disponible. Un boceto de bodegón de piezas geométricas. A ver cómo afecta a nuestro pastel de cumpleaños:

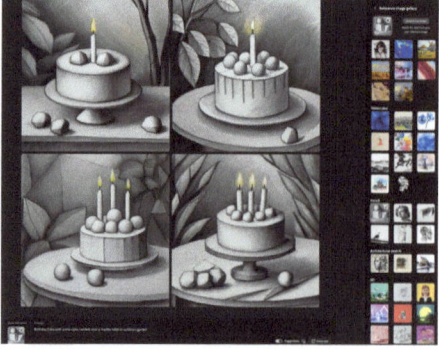

¿Qué son los estilos de Firefly?
Cuando queremos generar una imagen en la parte derecha de la pantalla aparecen un buen número de opciones para aplicar a nuestras imágenes. Vamos a centrarnos en la opción Styles (Estilos) y ver qué se puede hacer con ellos.

Para empezar hay dos posibilidades. La primera es visitar la galería de imágenes de referencia y la segunda utilizar una imagen propia. Procederemos con la primera opción, navegando por las diferentes imágenes que Firefly nos ofrece y examinaremos lo que ocurre al elegir algunas de ellas para nuestro set de cuatro imágenes de pasteles de cumpleaños. Están agrupadas por categorías y la verdad es que la cantidad disponible es ciertamente amplia:

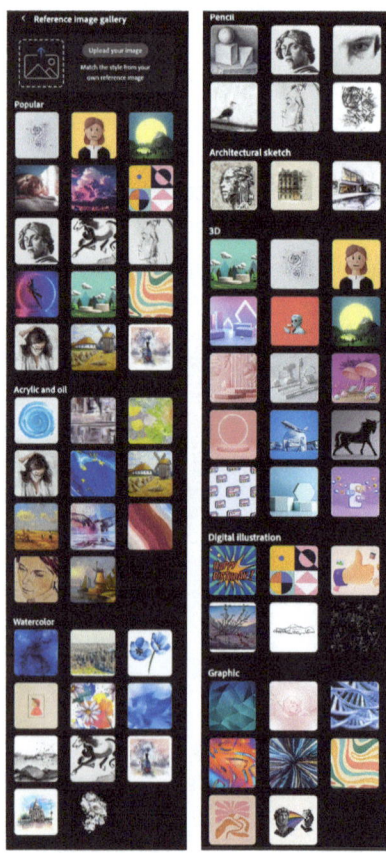

Guarda algunas similudes con el estilo anterior a nivel de formas pero está claro que es un dibujo a lápiz.
La diferencia entre Styles y Effects (Efectos) es que los estilos definen

cómo sera la imagen, de qué tipo, a nivel artístico, estilístico, contando con qué materiales se usarán (lapices, pintura...), etc. En cambio los efectos se aplican sobre la imagen a generar sin cambiar su estilo. Como si la imagen se postprocesara tras su generación

Siguiendo con nuestro ejemplo de pastel, quitamos cualquier estilo, generamos la imagen fotográfica y ahora si, aplicamos un efecto, en el ejemplo el efecto Hyper realistic:

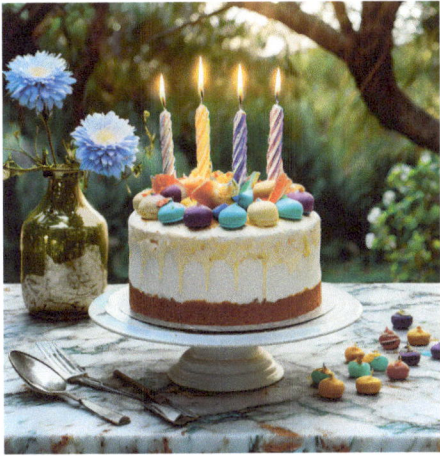

No parece muy distinta de la generación inicial. Probemos con Materials > Woodcarving (es decir, grabado en madera):

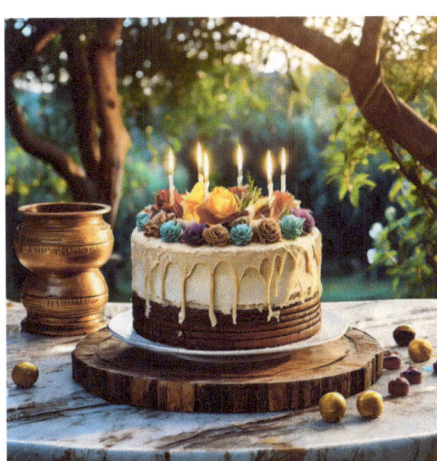

La calidad de la imagen no ha cambiado. Se ha acentuado el uso de la madera en algunas partes, como la base del plato del pastel, algunos complementos e incluso el propio pastel. Sigue siendo una imagen bonita. Quizás hasta más interesante que la original, con más contraste,

más impacto visual. Que al final es de lo que se trata.

Seguimos con otro efecto. El movimiento del Art Nouveau se nota en la cobertura de nata recargada y otros elementos. Por desgracia los cubiertos y otros objetos sufren algunas distorsiones que invalidan la imagen:

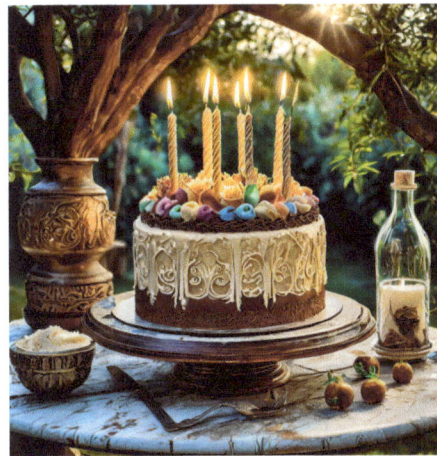

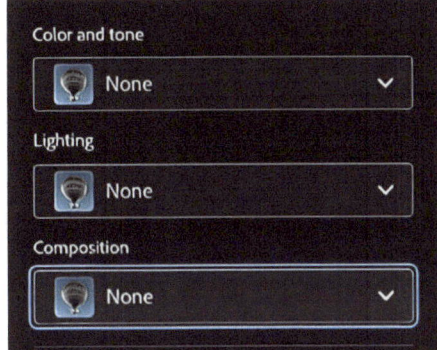

Aparte de los Estilos y Efectos contamos con más opciones. Color y tono, iluminación y composición.

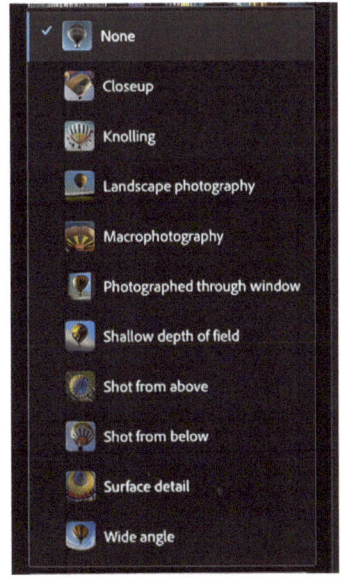

En Composición hay interesantes posibilidades. Tras acumular estilos y efectos (así es, son acumulables), eliminamos todo lo anterior y empezamos de cero con Photographed through window (Fotografiado a través de la ventana):

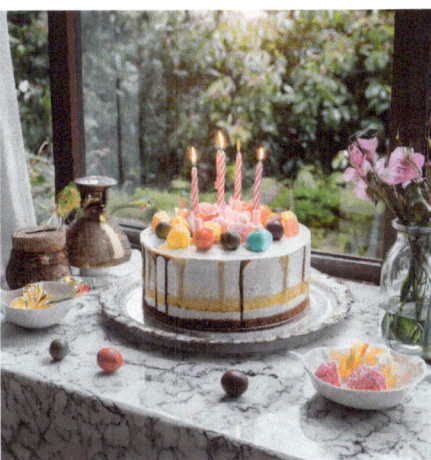

La imagen es bonita, pero se produce un error de interpretación. La imagen debería verse a través de una ventana, no con una ventana al fondo. El intérprete de Firefly parece no estar lo bastante ajustado para identificar esa diferencia.

Terminamos añadiendo la iluminación surrealista:

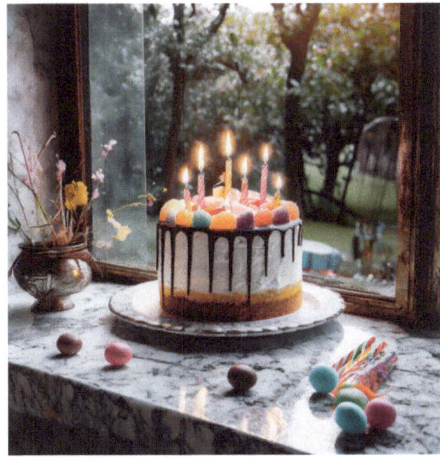

Esperamos que las próximas versiones de Firefly corrijan esos problemas de interpretación del prompt. La calidad de imagen está bastante mejorada respecto a la versión inicial. Sumado a la IA Generativa de Photoshop, puede ser una buena opción para trabajar con diseño digital.

UNA PALABRA

Somos adictos a los prompts breves, muy breves. Tanto que con una sola palabra se consiguen resultados increíbles. Como los siguientes:

Personajes, objetos, surrealismo incluso, las imágenes están bien. Sin embargo hay una forma más interesante: las palabras inventadas.

En la página siguiente dejamos volar la imaginación y a ver qué inventa MidJourney:

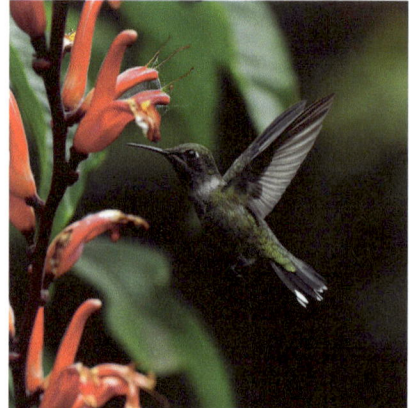

Colibri

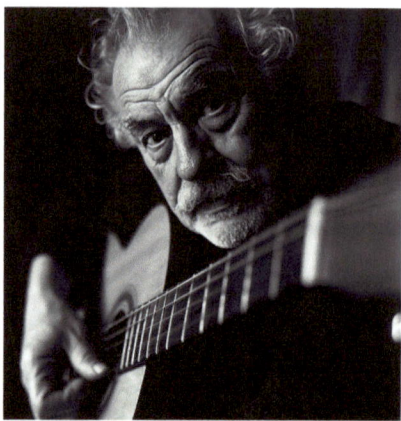

Brassens

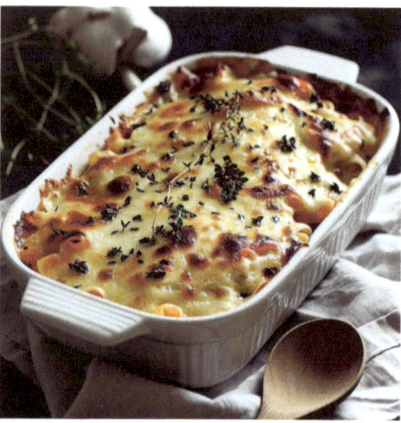

Cassern

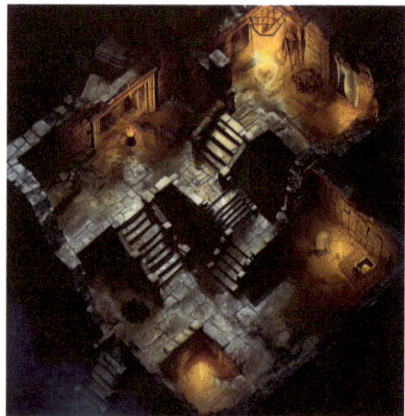

Dungeon

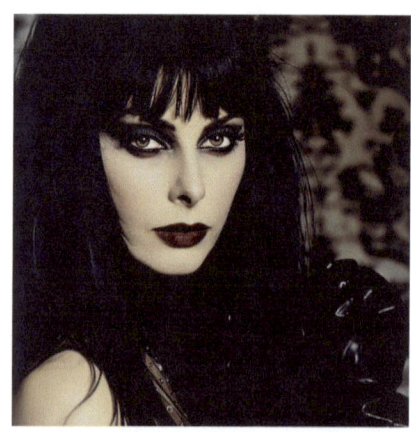

Elvira

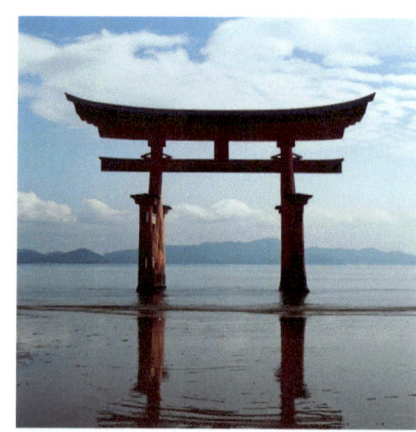

Torii

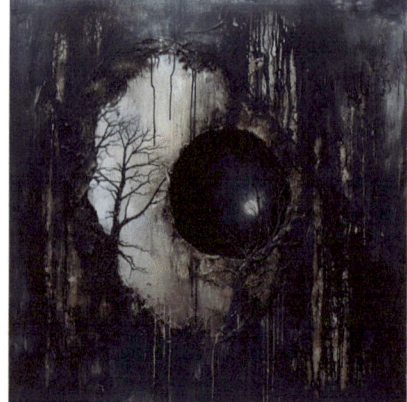

Hollow

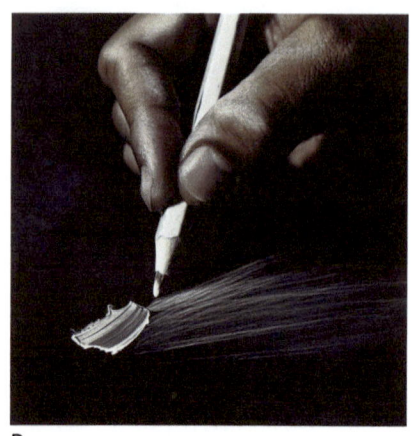

Draw

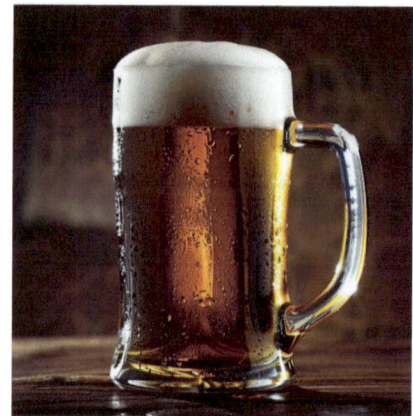

Beer

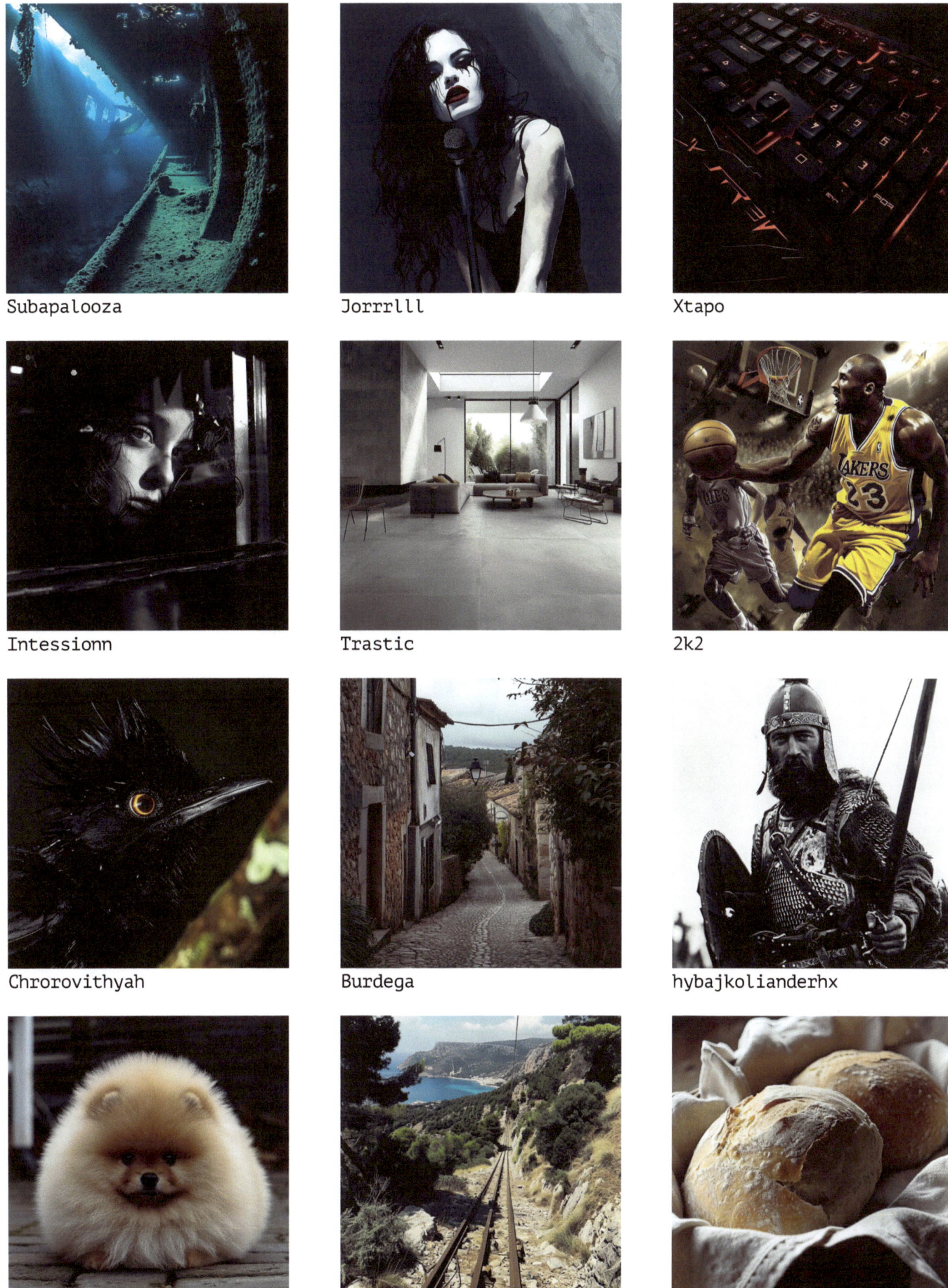

Subapalooza

Jorrrlll

Xtapo

Intessionn

Trastic

2k2

Chrorovithyah

Burdega

hybajkolianderhx

Hufpoof

Trammensorityashis

Rorotoajast

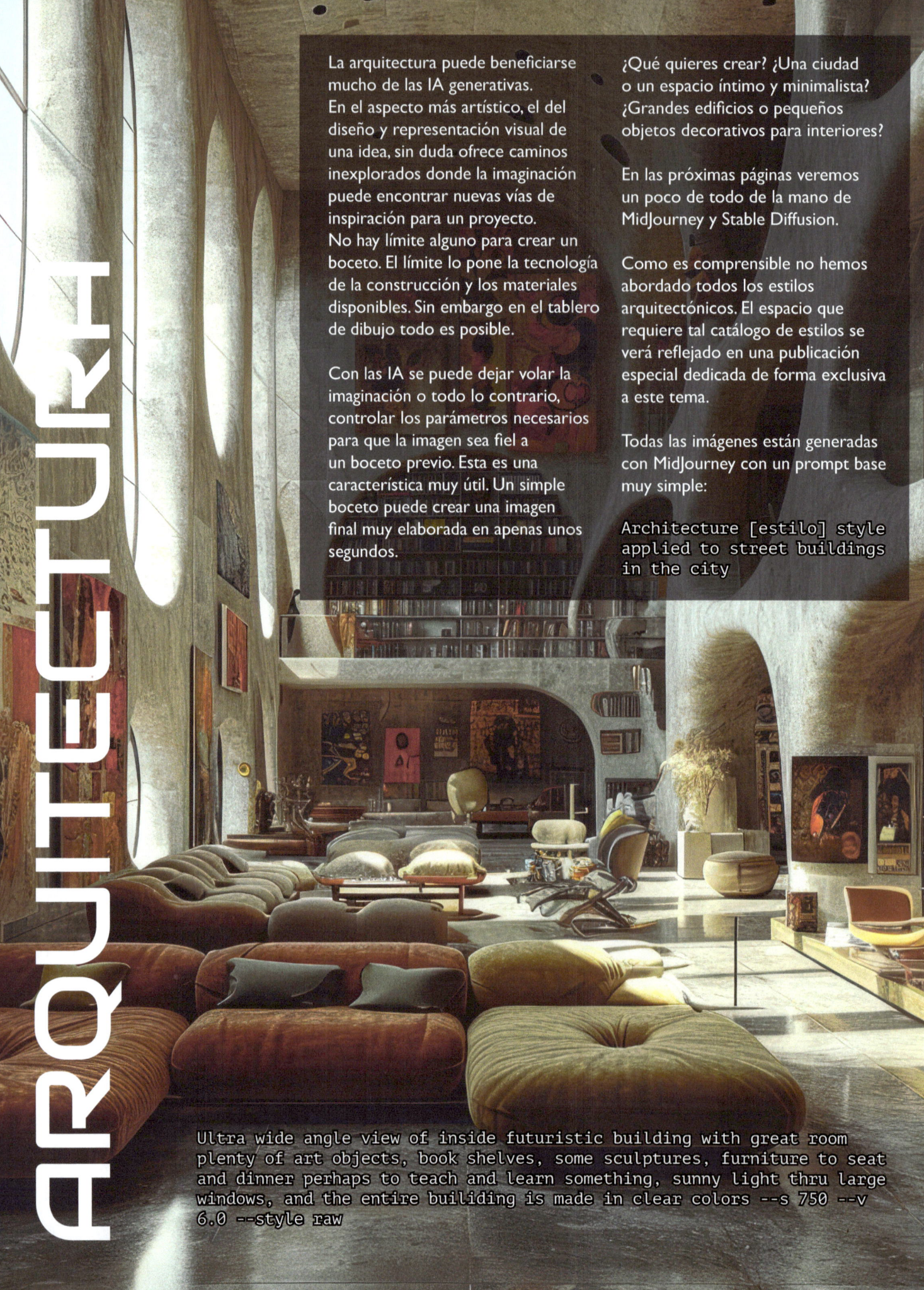

ARQUITECTURA

La arquitectura puede beneficiarse mucho de las IA generativas.
En el aspecto más artístico, el del diseño y representación visual de una idea, sin duda ofrece caminos inexplorados donde la imaginación puede encontrar nuevas vías de inspiración para un proyecto.
No hay límite alguno para crear un boceto. El límite lo pone la tecnología de la construcción y los materiales disponibles. Sin embargo en el tablero de dibujo todo es posible.

Con las IA se puede dejar volar la imaginación o todo lo contrario, controlar los parámetros necesarios para que la imagen sea fiel a un boceto previo. Esta es una característica muy útil. Un simple boceto puede crear una imagen final muy elaborada en apenas unos segundos.

¿Qué quieres crear? ¿Una ciudad o un espacio íntimo y minimalista? ¿Grandes edificios o pequeños objetos decorativos para interiores?

En las próximas páginas veremos un poco de todo de la mano de MidJourney y Stable Diffusion.

Como es comprensible no hemos abordado todos los estilos arquitectónicos. El espacio que requiere tal catálogo de estilos se verá reflejado en una publicación especial dedicada de forma exclusiva a este tema.

Todas las imágenes están generadas con MidJourney con un prompt base muy simple:

Architecture [estilo] style applied to street buildings in the city

Ultra wide angle view of inside futuristic building with great room plenty of art objects, book shelves, some sculptures, furniture to seat and dinner perhaps to teach and learn something, sunny light thru large windows, and the entire builiding is made in clear colors --s 750 --v 6.0 --style raw

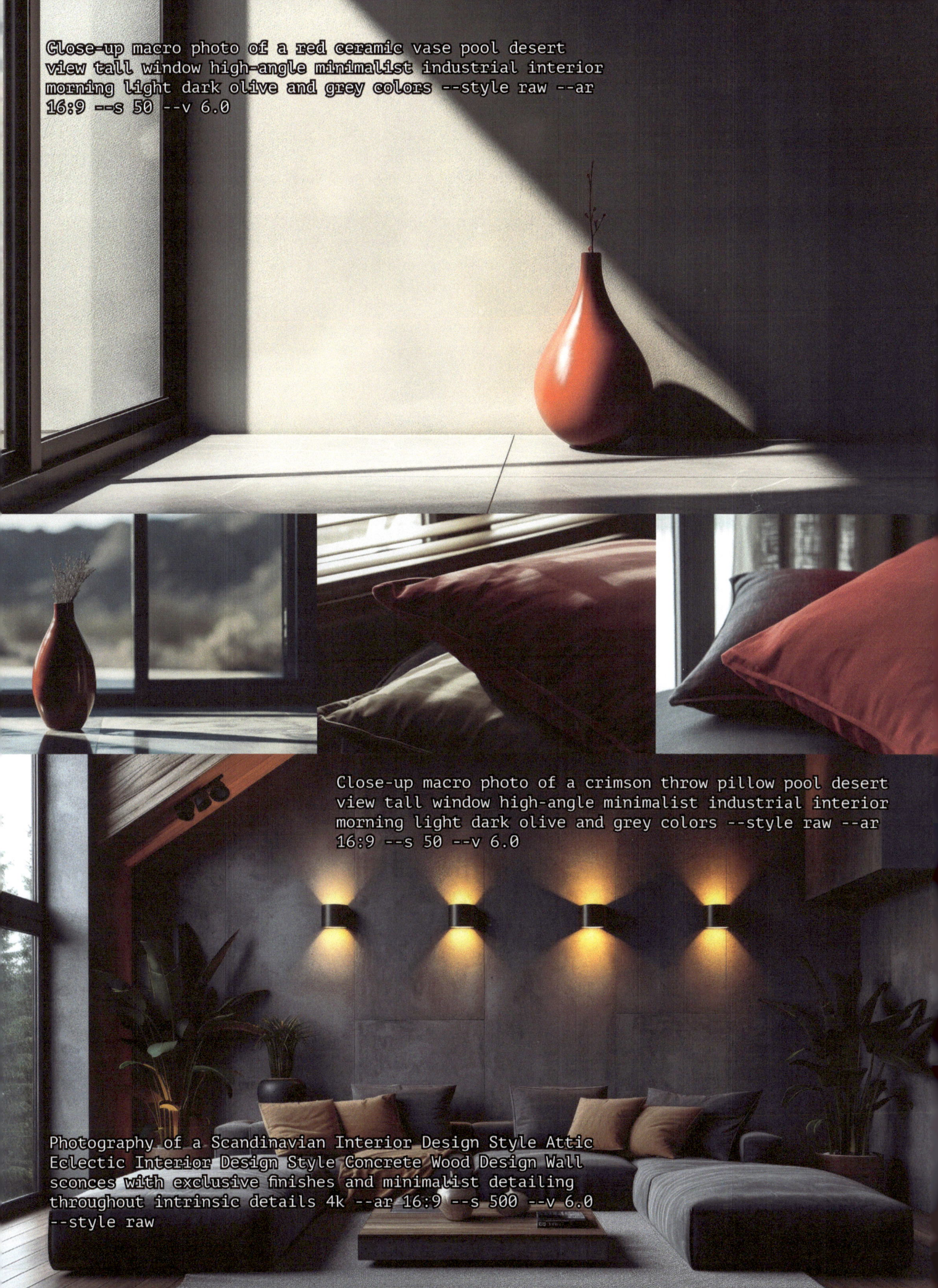

Close-up macro photo of a red ceramic vase pool desert
view tall window high-angle minimalist industrial interior
morning light dark olive and grey colors --style raw --ar
16:9 --s 50 --v 6.0

Close-up macro photo of a crimson throw pillow pool desert
view tall window high-angle minimalist industrial interior
morning light dark olive and grey colors --style raw --ar
16:9 --s 50 --v 6.0

Photography of a Scandinavian Interior Design Style Attic
Eclectic Interior Design Style Concrete Wood Design Wall
sconces with exclusive finishes and minimalist detailing
throughout intrinsic details 4k --ar 16:9 --s 500 --v 6.0
--style raw

El estilo gótico es un estilo arquitectónico que se desarrolló en Europa durante la Alta y Baja Edad Media, sucediendo al arte románico y precediendo al renacimiento. Se originó en la Île-de-France alrededor del año 1140 y perduró hasta el siglo XVI. Este estilo es más conocido por sus aplicaciones en grandes edificios eclesiásticos, especialmente catedrales y abadías.

El brutalismo es un movimiento arquitectónico que surgió en la década de 1950 y se extendió durante las décadas de 1960 y 1970. El término proviene del francés "béton brut", que significa "hormigón crudo", frase que Le Corbusier utilizó para describir su preferencia por el material en su estado más puro y sin adornos. El estilo es conocido por sus enfoques directos, sin concesiones y a menudo considerado austero o imponente.

El estilo neoclásico en arquitectura emergió en la segunda mitad del siglo XVIII como parte de un movimiento más amplio que rechazaba el ornamento del Barroco y Rococó en favor del orden y la claridad de la antigua Roma y Grecia. Esta tendencia se desarrolló hasta bien entrado el siglo XIX y se asoció con los ideales de la Ilustración, que enfatizaban la razón y el retorno a las raíces clásicas.

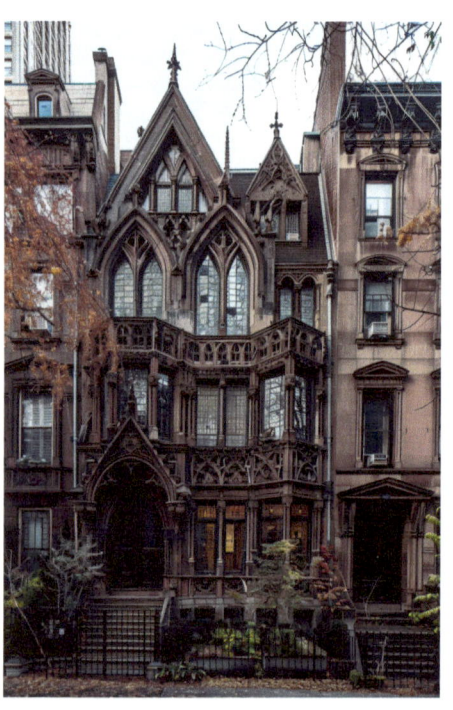

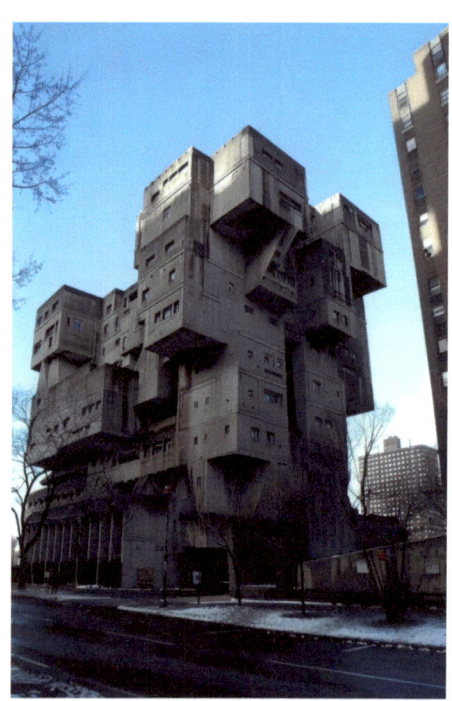

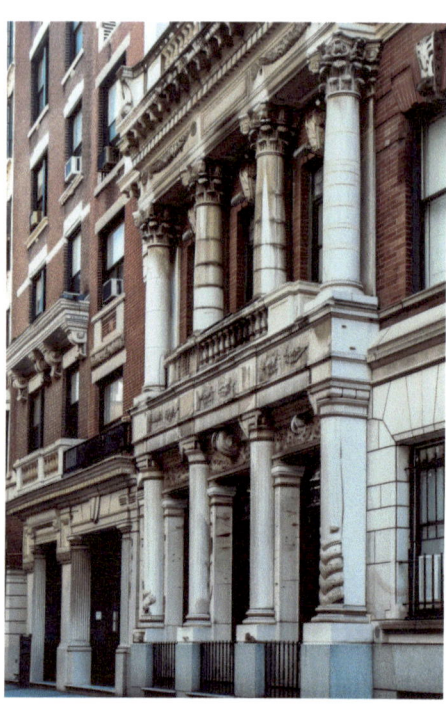

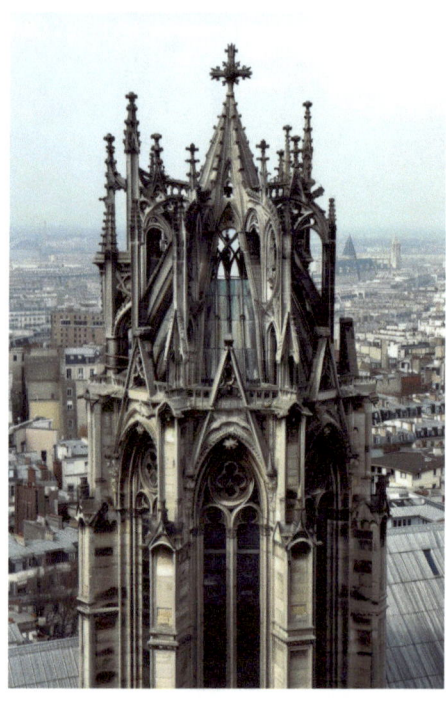

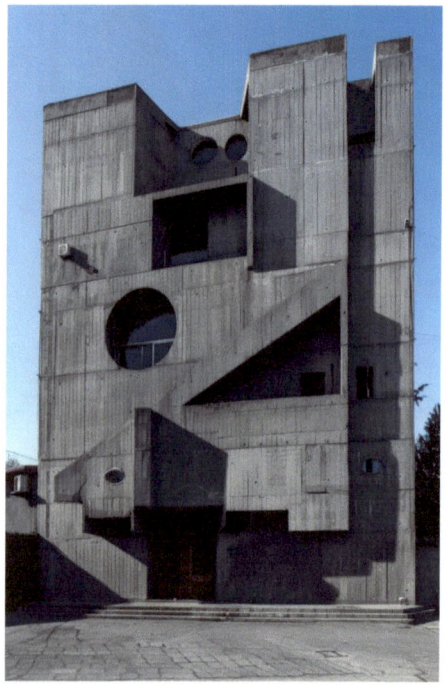

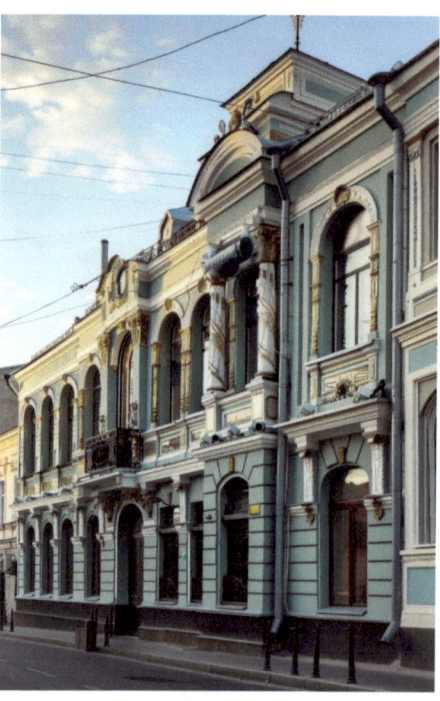

El modernismo, también conocido como Art Nouveau, es un estilo artístico y arquitectónico que se desarrolló a finales del siglo XIX y principios del siglo XX. Se originó como una reacción contra la rigidez de los estilos neoclásico y victoriano, creando un arte nuevo y moderno que reflejara la era industrial emergente. Emplea muchas líneas curvas, elementos de la naturaleza, tipografía, simbología, colores y texturas, etc. Un claro ejemplo son los edificios de Gaudí o Guimard.

El estilo arquitectónico de la Escuela Bauhaus se caracteriza por su enfoque en la simplicidad, la funcionalidad y la racionalidad. Las edificaciones de este estilo suelen presentar líneas rectas y limpias, geometría clara y una ausencia de ornamentación decorativa superflua. Los principios de la Bauhaus favorecen la integración de la tecnología y el diseño industrial con la estética, lo que se refleja en el uso de materiales modernos como el acero, el vidrio y el hormigón.

El deconstructivismo se caracteriza por su enfoque no lineal, que desafía las convenciones tradicionales de la arquitectura en cuanto a estructura y forma. Las edificaciones deconstructivistas a menudo presentan una apariencia fragmentada, con superficies distorsionadas y elementos estructurales desplazados que pueden parecer caóticos y desordenados, pero que están cuidadosamente calculados.

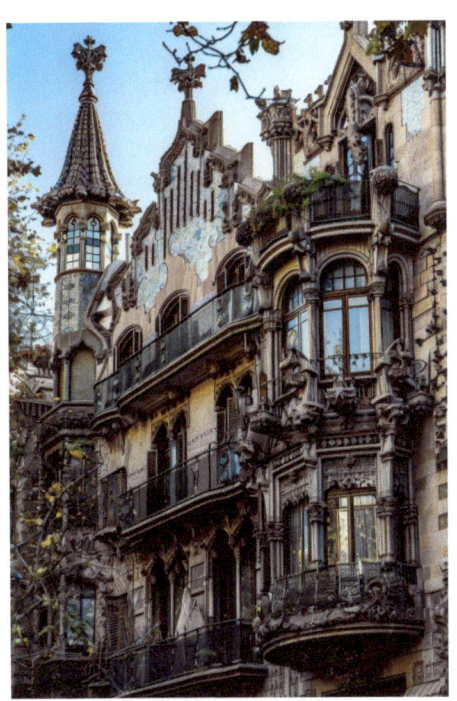

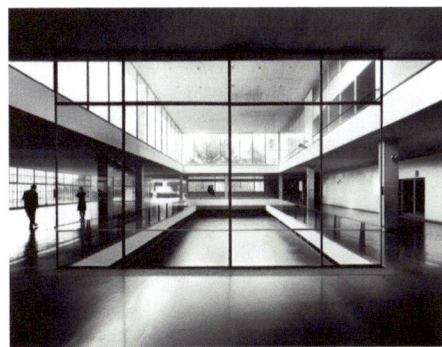

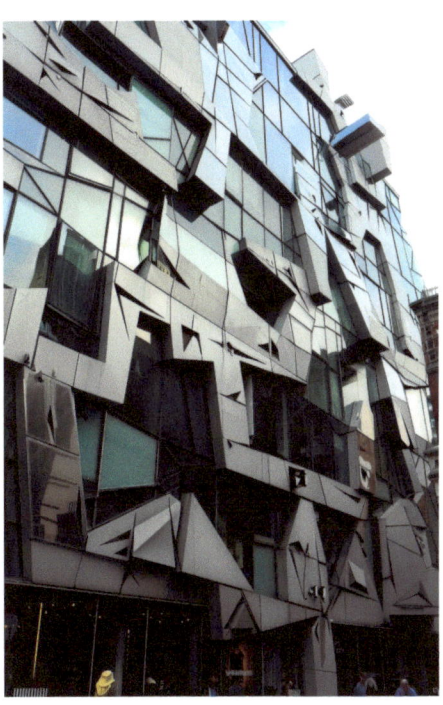

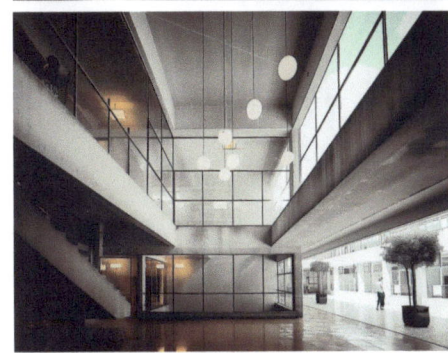

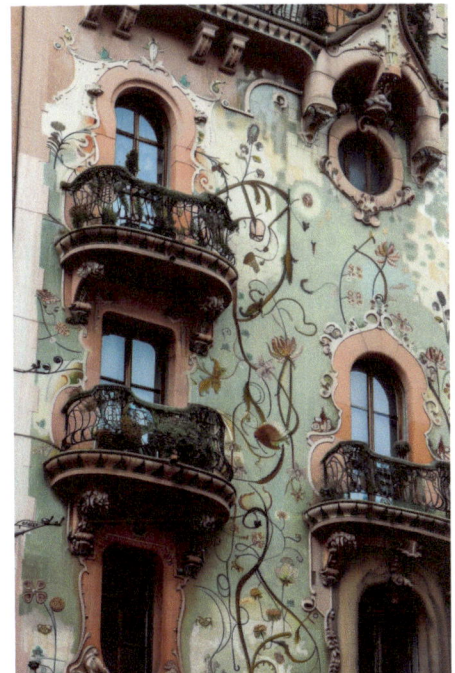

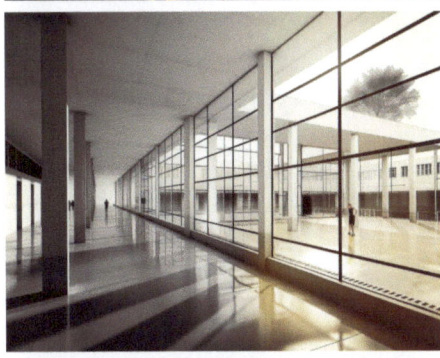

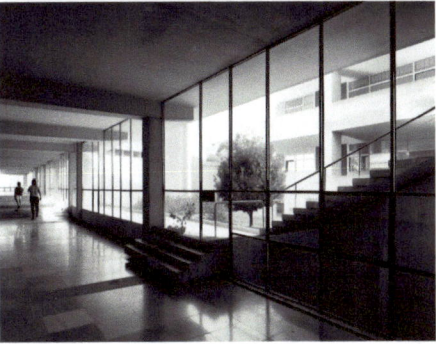

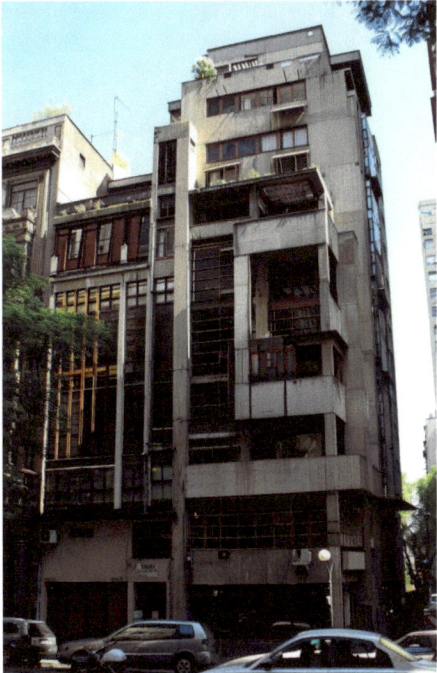

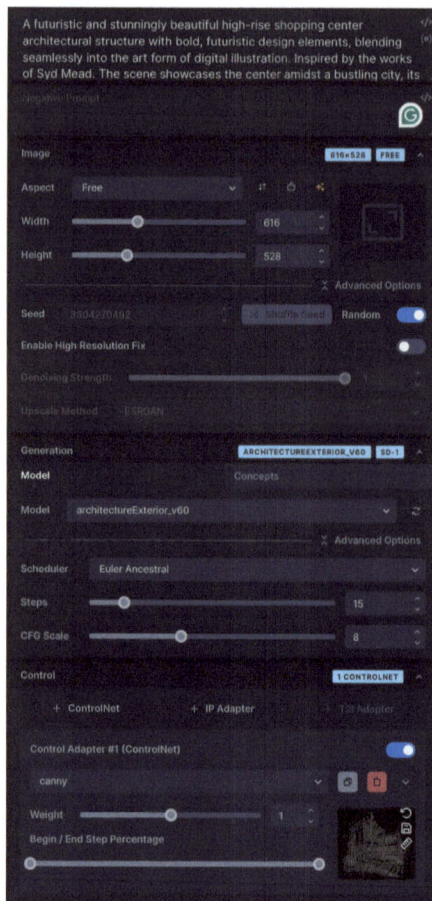

Para ilustrar cómo pasar del boceto a la ilustración final utilizaremos Invoke AI y Stable Diffusion con un modelo tal como **ArchitectureExterior** y usando Controlnet para indicarle el boceto.

Las posibilidades son infinitas. Cualquier dibujo puede convertirse en un edificio increíble. El ajuste de los parámetros tales como el Scheduler, CFG, pasos, etc. producirá imágenes muy distintas. Si usamos Invoke AI en local también podemos probar a permutar ciertos aspectos del prompt para generar decenas o centenares de imágenes con un solo clic.

En estos ejemplos hemos usado éste, sin prompt negativo:

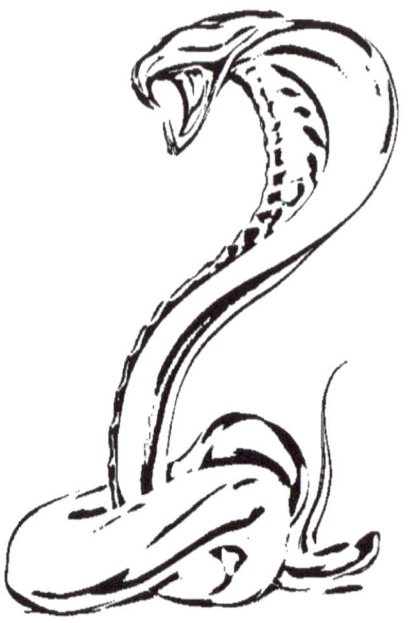

A futuristic and stunningly beautiful high-rise shopping center architectural structure with bold, futuristic design elements, blending seamlessly into the art form of digital illustration. Inspired by the works of Syd Mead. The scene showcases the center amidst a bustling city, its sleek lines contrasting with the urban environment. A warm color temperature adds vibrancy, highlighting the architectural details. Shoppers and visitors exhibit expressions of awe and excitement. Illuminated by soft, diffused lighting, the atmosphere exudes sophistication and promise of tomorrow\n(masterpiece),(high quality), best quality, real,(realistic), super detailed, (full detail),(4k),8k,no humans, scenery, building, ((500-meter tall buildings)),outdoors, window, road, sky, street, lamppost, tree, power lines,,Organic modernist architecture, glass curtain walls, interesting shapes, super high-rise buildings in the bloc

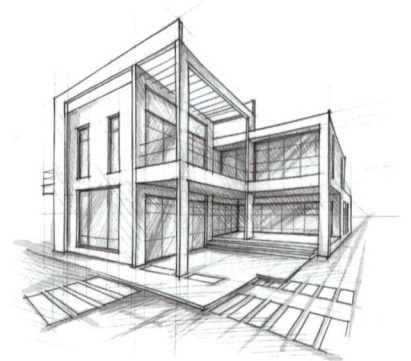

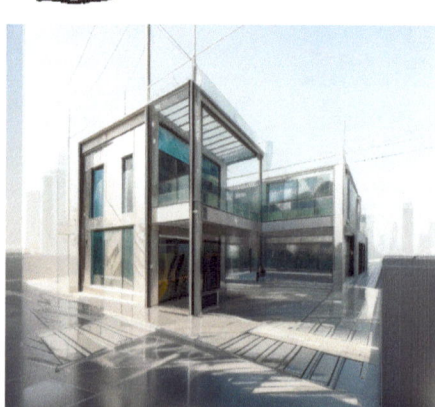

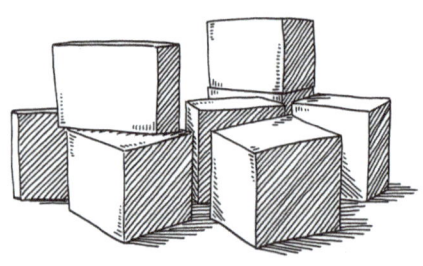

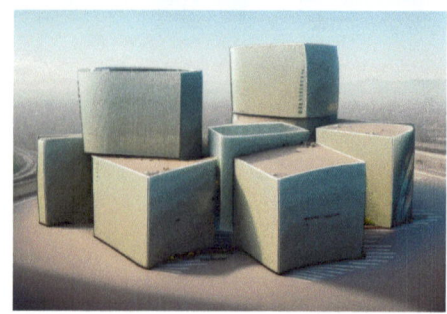

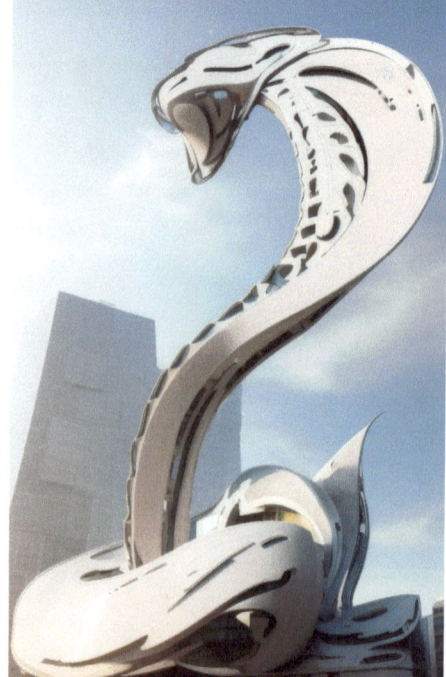

architecture_Exterior_SDlife_Chiasedamme_V6.0

Quien tenga una cierta edad recuerda la película Blade Runner, la clásica, y su test Voight-Kampff, el sistema infalible para detectar replicantes. Lo cierto es que el director Ridley Scott añadió una pista visual para el espectador más allá del test. Se trataba de las pupilas brillantes. Ojos rojos como solemos entenderlo en fotografía.

Pues bien, un método casi infalible para detectar imágenes de personas generadas con IA son las pupilas. Curioso. Es lo que se denomina como miosis:

En el contexto médico, "miosis" describe el estado de las pupilas cuando están anormalmente pequeñas o restringidas, lo cual puede ser una respuesta natural a la luz brillante para proteger la retina, o puede ser el resultado de factores como el uso de ciertos medicamentos, daño en el sistema nervioso, o la exposición a agentes tóxicos.

En contraste, la dilatación persistente de las pupilas se conoce como "midriasis". Ambas condiciones, miosis y midriasis, pueden ser indicativas de una condición subyacente que requiere atención médica.

Resulta que en los retratos en primer plano es muy patente que las pupilas de la persona generada tiene las pupilas cerradas. Da igual si la iluminación es frontal, lateral o trasera. Siempre salen las pupilas cerradas. Un error de programación o un descuido, no se sabe. Así que si quieres saber si un retrato es generado o no fíjate en los ojos.

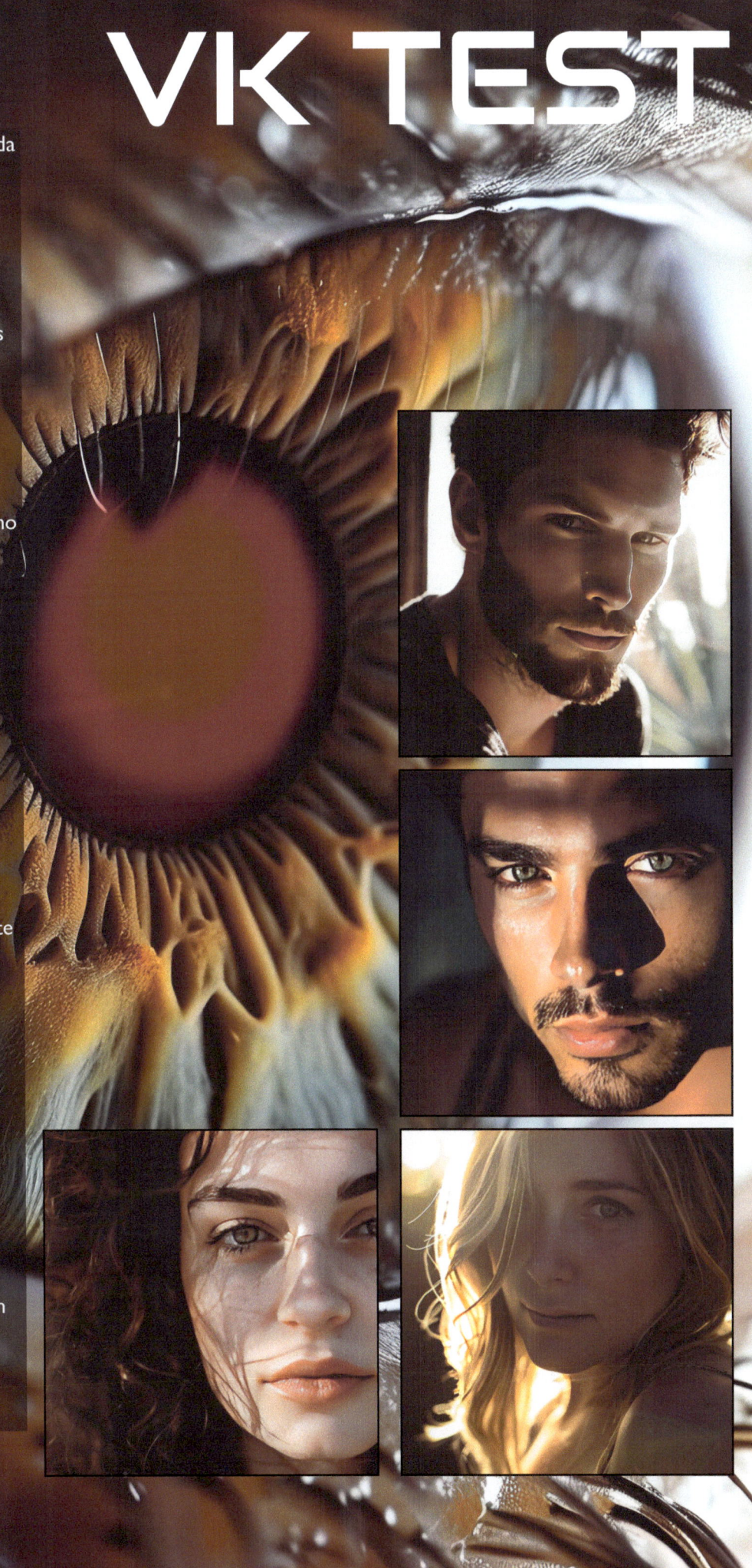

KERBY

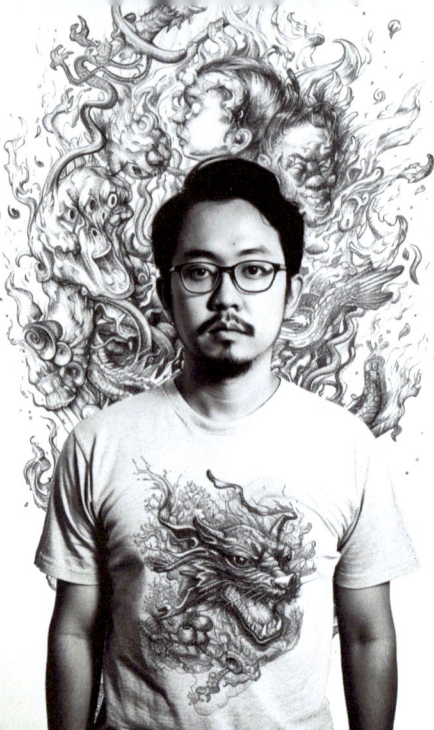

Antes de dedicarse a tiempo completo al arte, Rosanes trabajaba como diseñador gráfico. Sin embargo, su amor por el dibujo y la ilustración lo llevó a dejar ese trabajo y centrarse en lo que realmente le apasionaba. Desde entonces, ha colaborado con varias marcas internacionales, empresas y clientes individuales, ganándose la vida a través de su arte.

Sus dibujos a menudo exploran temas que mezclan lo natural con lo fantástico, lo que le ha llevado a crear mundos impresionantes donde los animales, las estructuras geométricas y los elementos surrealistas conviven en armonía. Su técnica meticulosa, que implica el uso de rotuladores negros para crear imágenes monocromáticas complejas y a menudo frenéticas, captura la atención y la imaginación de un público amplio y diverso.

La serie de libros para colorear y dibujar de Kerby Rosanes ha sido un gran éxito a nivel mundial, permitiendo a los entusiastas del arte interactuar con sus creaciones de una manera personal, a menudo meditativa. "Animorphia" fue su primer libro publicado y se destacó por estar lleno de criaturas y patrones que se transforman y se funden de una página a otra. Cada libro nuevo que ha publicado desde entonces ofrece una temática diferente y la oportunidad de sumergirse en su complejo mundo artístico.

Además de sus libros, Kerby también comparte su arte a través de varias plataformas de redes sociales, donde ha acumulado un seguimiento significativo. Sus fans aprecian no solo la calidad de su trabajo, sino también

la posibilidad de observar su proceso artístico en los videos de time-lapse que a menudo publica.

A través de su arte, Kerby Rosanes sigue inspirando a artistas emergentes y aficionados por igual, demostrando que la pasión y la dedicación pueden convertir un pasatiempo en una exitosa carrera artística. Su trabajo no solo es admirado por su intrincado detalle y belleza estética, sino también como una manifestación del poder de la imaginación humana.

Las imágenes de esta página han sido generadas todas ellas con MidJourney, incluso el retrato del propio Kerby.

Utilizando la frase "Kerby Rosanes style" en nuestros prompts conseguiremos imágenes parecidas.

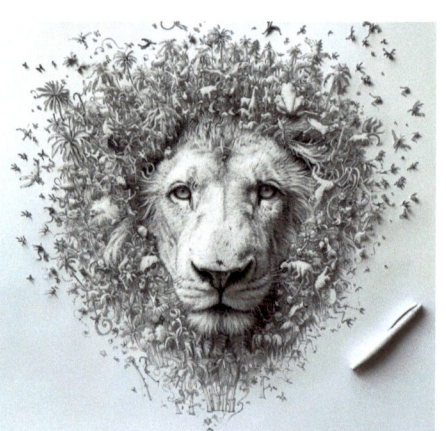

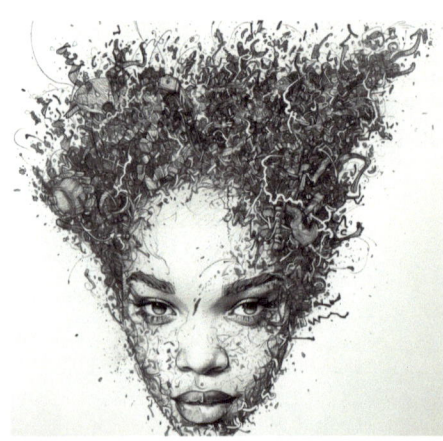

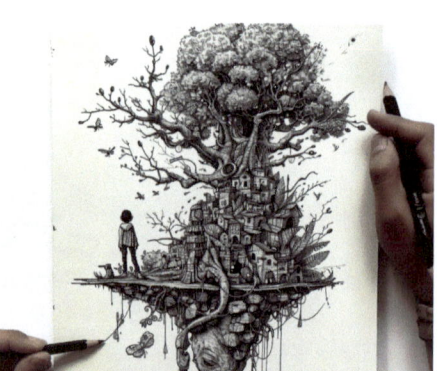

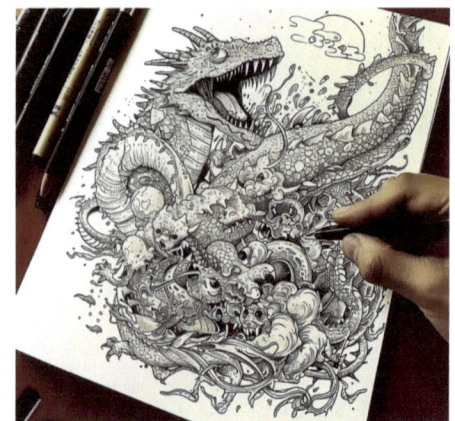

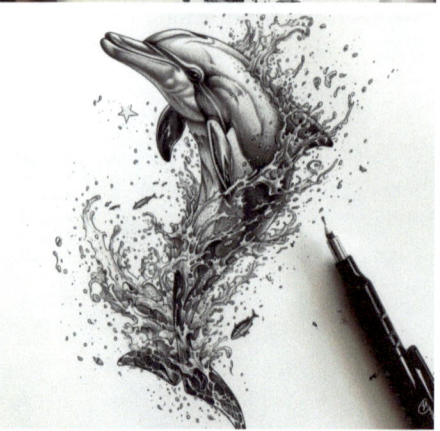

En otro artículo veremos cómo conseguir emular el estilo de un artista determinado sin utilizar su nombre. Es una cuestión de ética y defensa de los derechos de autor. En el caso de Rosanes conseguir su estilo no es sencillo, aunque se acerca bastante.

El "estilo Rosanes" podría describirse como: intricate, detailed, whimsical, surreal, densely patterned, imaginative, black-and-white, intricate linework, nature-inspired, surreal creatures, interconnected, dynamic, doodle art, fantastical, intricate patterns, meticulous, highly detailed, imaginative worlds, pen and ink.

Algún detalle del estilo puede que genere imágenes muy sesgadas. Cuando esto ocurre hay que ajustar algunos términos hasta conseguir el resultado esperado.

Veamos algunos ejemplos con el estilo propuesto:

Jungle scene with lions, tigers, monkeys and gazellas doodles Intricate, detailed, whimsical, surreal, densely patterned, imaginative, black-and-white, intricate linework, nature-inspired, surreal creatures, interconnected, dynamic, doodle art, fantastical, intricate patterns, meticulous, highly detailed, imaginative worlds, pen and ink. --s 50 --v 6.0 --style raw

La palabra clave en el prompt anterior es "doodle". Si no, la generación será una ilustración sin más detalles. Es decir, nada parecido al estilo de Rosanes. Modificando el prompt anterior conseguiremos otros resultados. Aún así habrá que trabajar más el prompt para conseguir composiciones complejas

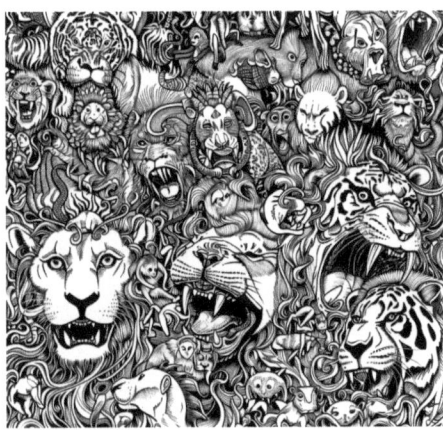

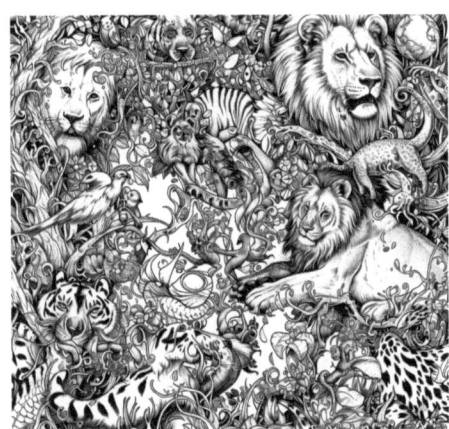

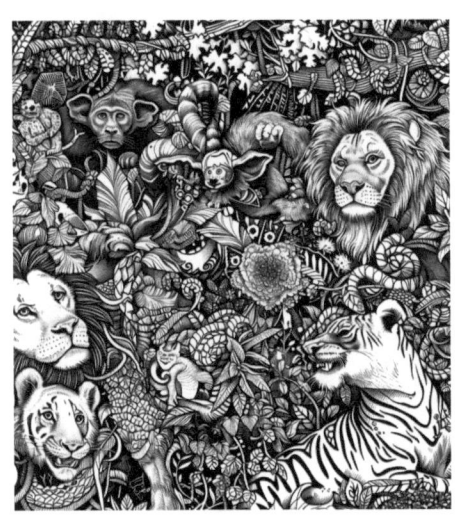

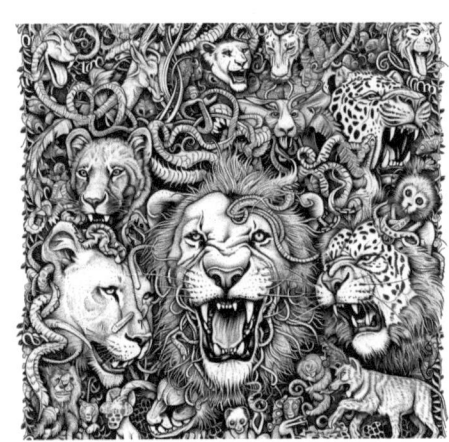

como las de el león o el tigre formado por pequeñas criaturas (Animorphia, por ejemplo), ya que el estilo descrito es bastante general.

A massive party of people and creatures in a whimsical and fantasy scene with doodles Intricate, detailed, whimsical, surreal, densely patterned, imaginative, black-and-white, intricate linework, nature-inspired, surreal creatures, interconnected, dynamic, doodle art, fantastical, intricate patterns, meticulous, highly detailed, imaginative worlds, pen and ink. --s 50 --v 6.0 --style raw

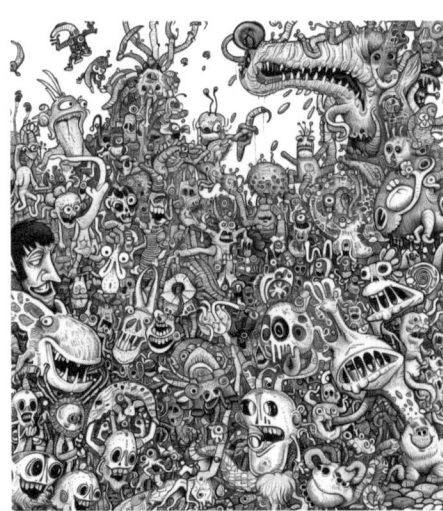

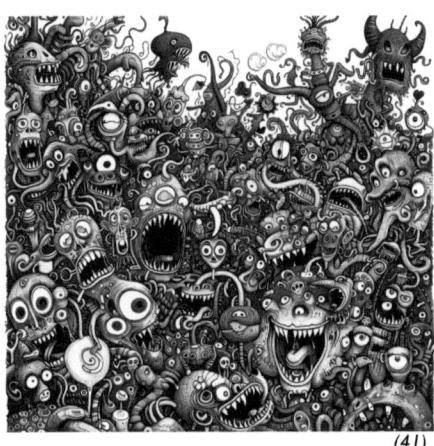

RealVisXL

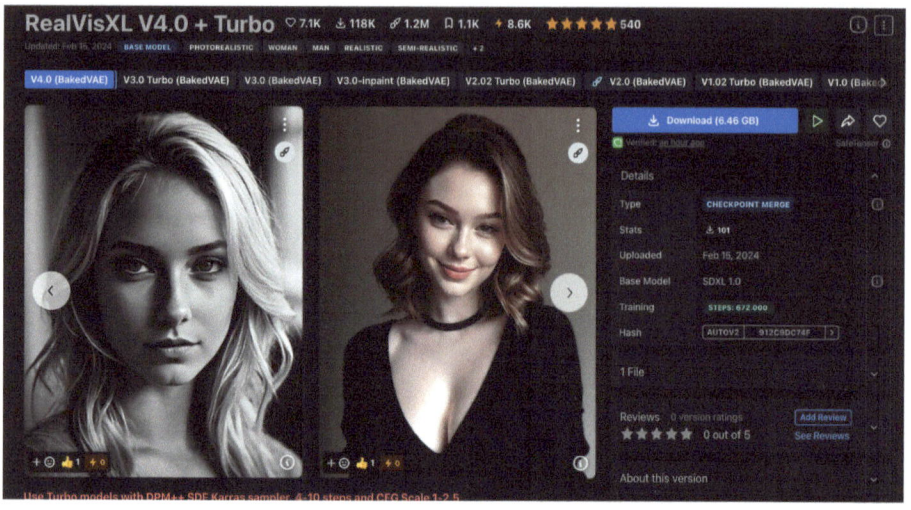

Stable Diffusion no quiere quedarse atrás en la generación de personas reales. Tras probar algunos modelos presentamos RealVisXL. Las pruebas con la versión 3.0 eran buenas, pero con la 4.0 van un poco más allá. Los parámetros adicionales pueden verse en la página original del modelo. Aún así es bueno experimentar con otros parámetros. Los resultados cambian y mucho. A veces es interesante hacer un test intensivo para encontrar la mejor combinación para nuestro caso particular.

https://civitai.com/models/139562?modelVersionId=344487

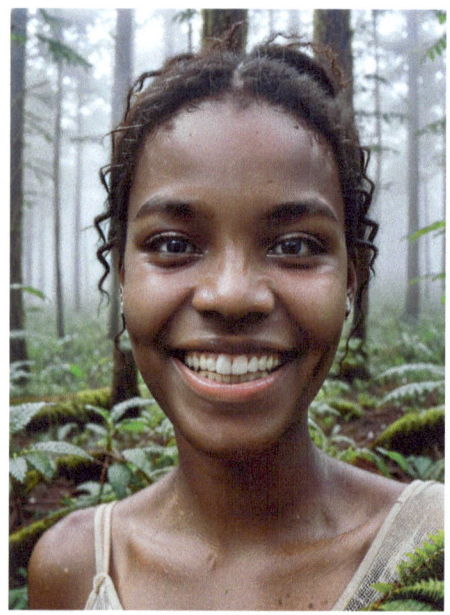

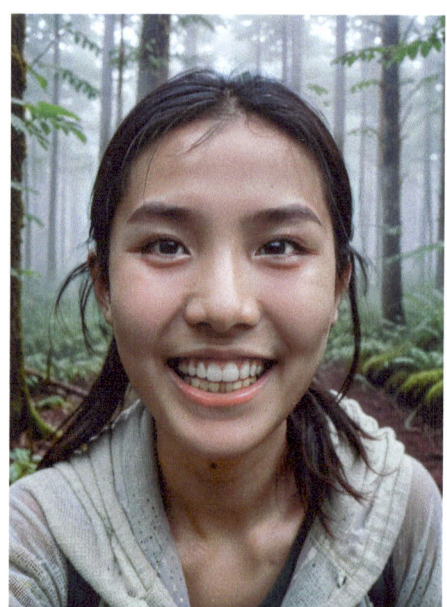

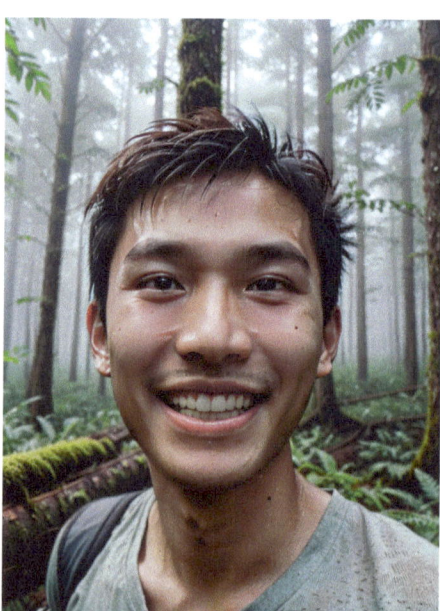

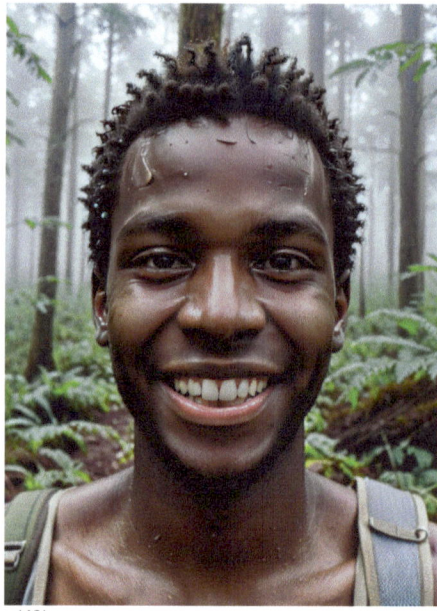

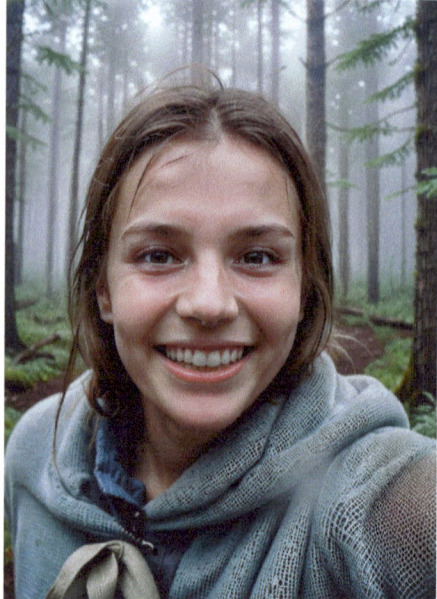

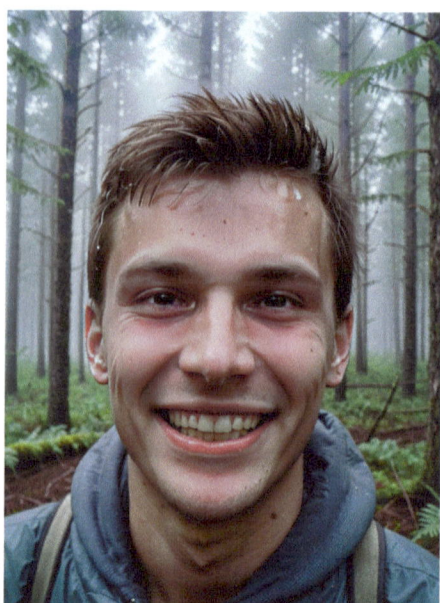

El primer set de imágenes utiliza la versión 3.0 de RealVisXL junto al scheduler DDPM, generación de 21 pasos y CFG con valor 6.

En el segundo set hemos optado por la fotografía en blanco y negro, con grano, etc. junto a RealVisXL 4.0, el scheduler DPM++ 2M Karras, 25 pasos y CFG 7.

En todos las imágenes se utiliza el Hi-Res Fix con el método ESRGAN y para las imágenes utilizadas en estas páginas, por lo general escaladas con Topaz Gigapixel, se ha desactivado la opción Face Recovery. En este caso nos interesa mantener el grano.

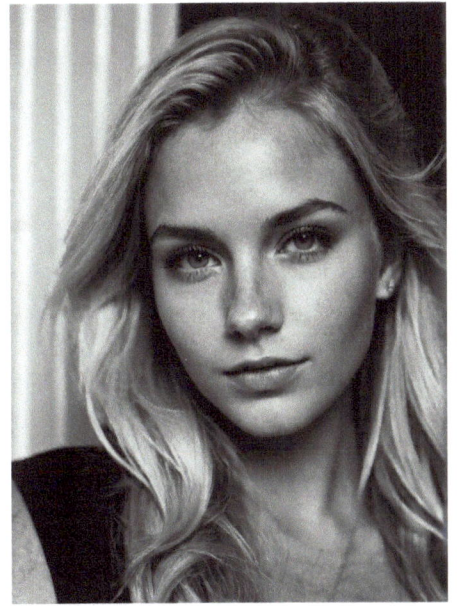 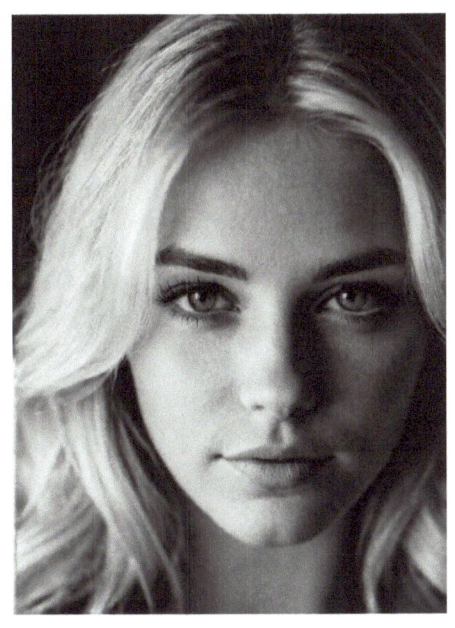

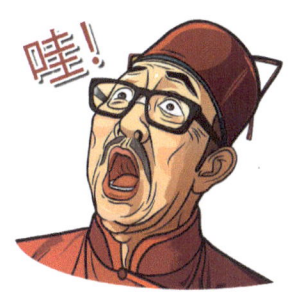

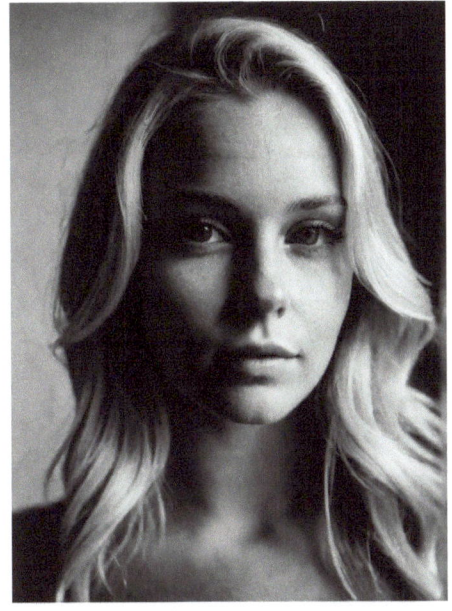 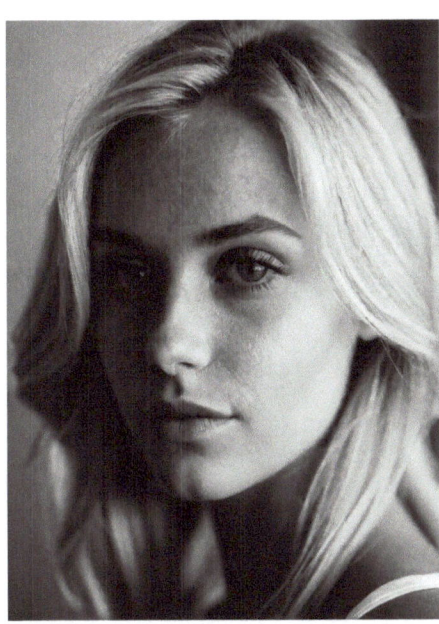

```
RAW photo, (realistic:1.5),
extreme closeup, young
{African|Russian|Asian}
{female|man} in the forest,
smiling, the face emerges
from the fog, dense forest,
lomografy
```

```
b&w, instagram photo,
portrait photo of 26 y.o
blonde woman, perfect
detailed eyes, natural skin,
hard shadows, film grain

(face asymmetry, eyes
asymmetry, deformed eyes,
open mouth)
```

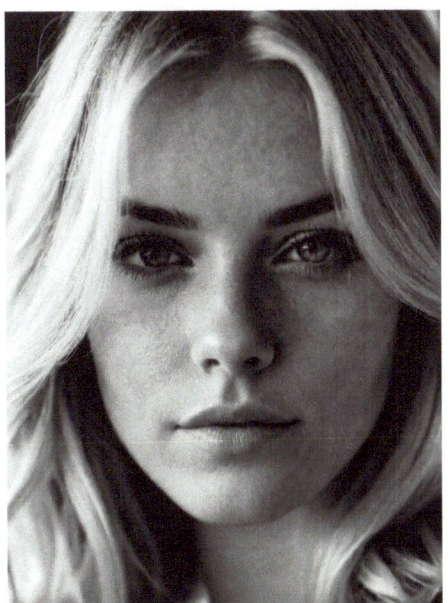 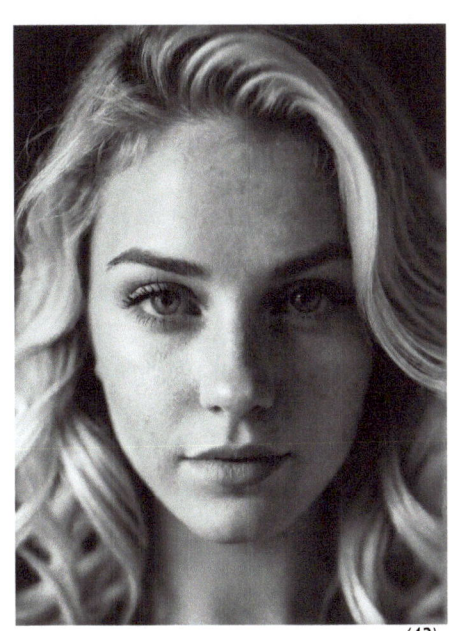

ZOMBIES

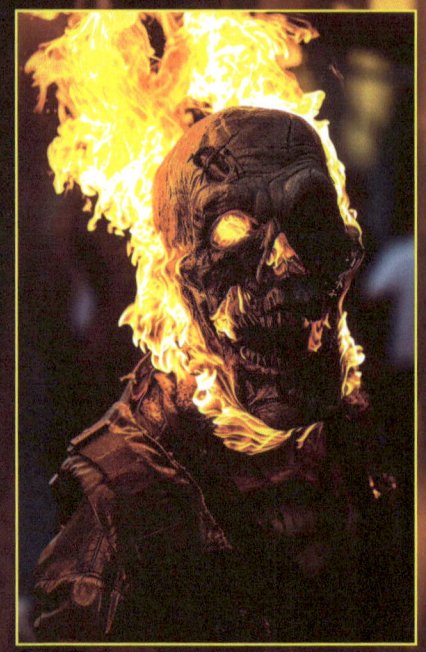

On fire

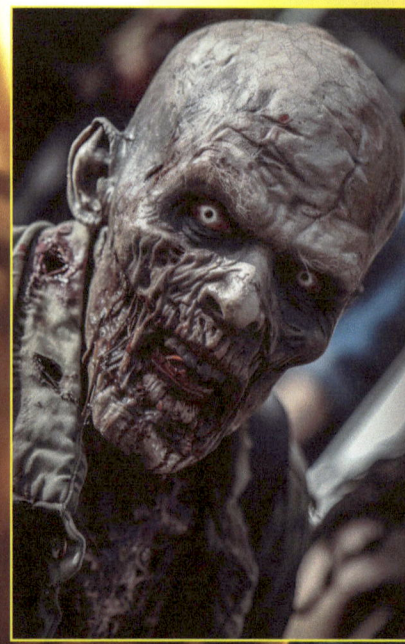

Menacing

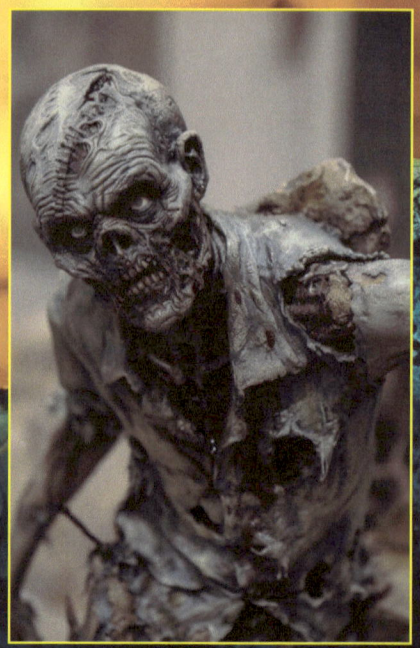

Humanoid

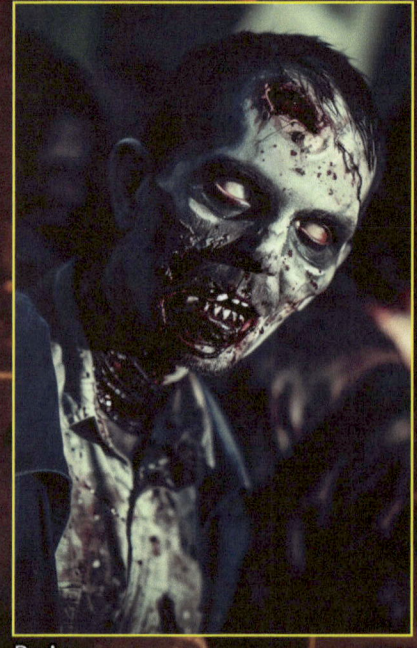

Pain

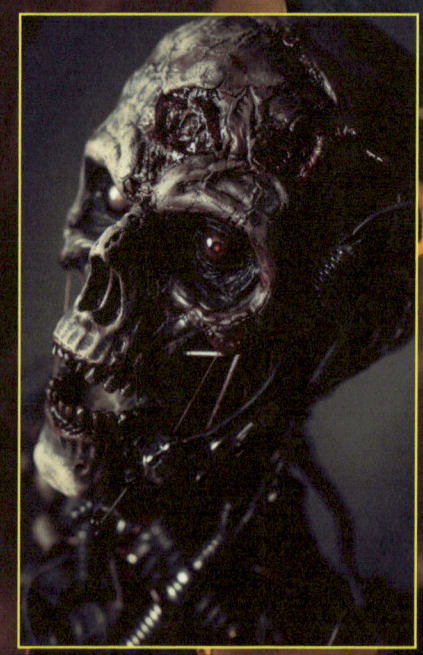

Biomechanical

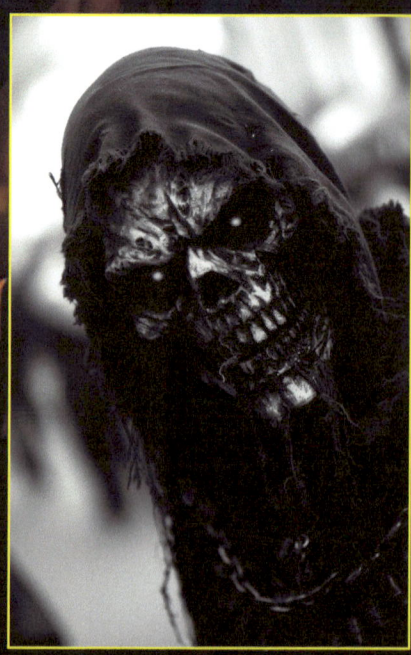

Spectre

MidJourney

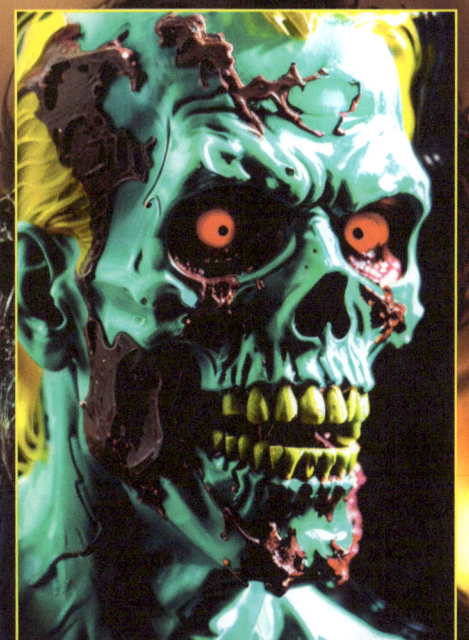

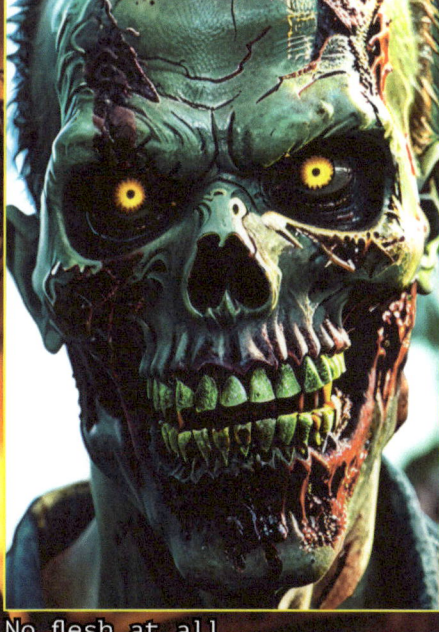

Acrylic (or Plexiglas)   No flesh at all

SDXL

¿Cuántos tipos de zombi conoces? ¿Los caminantes? ¿Los mutantes de Resident Evil? Pues hay muchos más. A través del prompt uno se da cuenta de que puede crear cualquier tipo de zombi o figura zombificada que se le antoje. Tienen rasgos comunes como es natural, pero es posible darles expresión, pose, estilo incluso y generar zombies muy particulares. Que den mucho miedo, que den pena, que sean hasta graciosos... ¡Lo que se nos ocurra! ¿Una zombie haciéndose un selfie en grupo? ¡También!

El prompt básico es simple:
`zombi [style]`
con el ratio y demás parámetros que se quieran y según la IA uilizada.

La versión 6 de MidJourney genera unos zombies más "realistas" pero se deja algo por el camino. Con v5 es sorprendente la variedad de matices que es posible darle con pocas palabras y añadiendo pesos en un multiprompt. En v6 hay que reaprender a conseguir esas características. Es un proceso largo pero también entretenido por no decir divertido.

Prompt básico y a añadir...
On fire
Menacing
Humanoid
Pain
Biomechanical
....

y cruzando las características se obtienen otros resultados distintos. Basta añadir escenario y otros detalles para pasar horas y horas generando comedores de cerebros. ¡Es adictivo! En serio.

Con SDXL los resultados no son tan sofisticados.

Hemos probado Leonardo con un prompt distinto, más hacia la línea de los terminators zombie. El resultado no está nada mal.

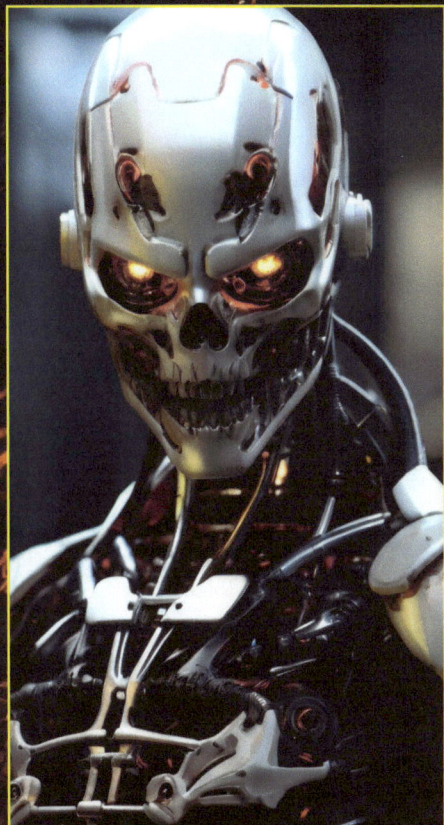

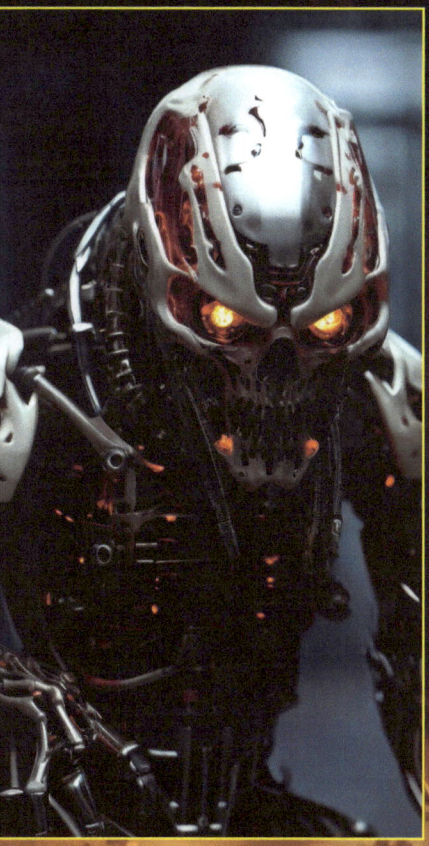

A fierce zombi humanoid biomechanical translucent with internal LED lights, exposed metal and chrome bones, on fire eyes in menacing pose towards you

Leonardo

NIJI 6

¿Qué es Niji 6? Alguien puede pensar que es una IA desconocida, pero no, no es más que una versión hermana de MidJourney. Niji está pensada para generar ilustraciones de tipo manga o anime y esto se nota en cualquier imagen que se cree con ella.

Si mencionamos el número 6 es porque hasta hace muy poco Niji y MidJourney tenían un desfase de una versión. Actualmente ambas IA trabajan con versión 6. Y una posibilidad interesante, que ya teníamos anteriormente, es utilizar el bot de MidJourney como siempre, pero añadiendo el parámetro --niji 6

Hacen lo mismo, pero si estamos acostumbrados a trabajar mucho con el bot original y de forma ocasional en "modo Niji", con añadir el parámetro listos.

Usemos Niji por sí mismo o como parámetro de MidJourney hay que tener en cuenta que el estilo final está muy delimitado a ilustración.

Pruébalo con cualquier prompt de los que has usado anteriormente en MidJourney. Añade --niji 6 y verás qué cambio. Cuidado, algunos parámetros pueden no ser compatibles con la opción --niji. Si es así, cámbialos o elimínalos y vuelve a probar.

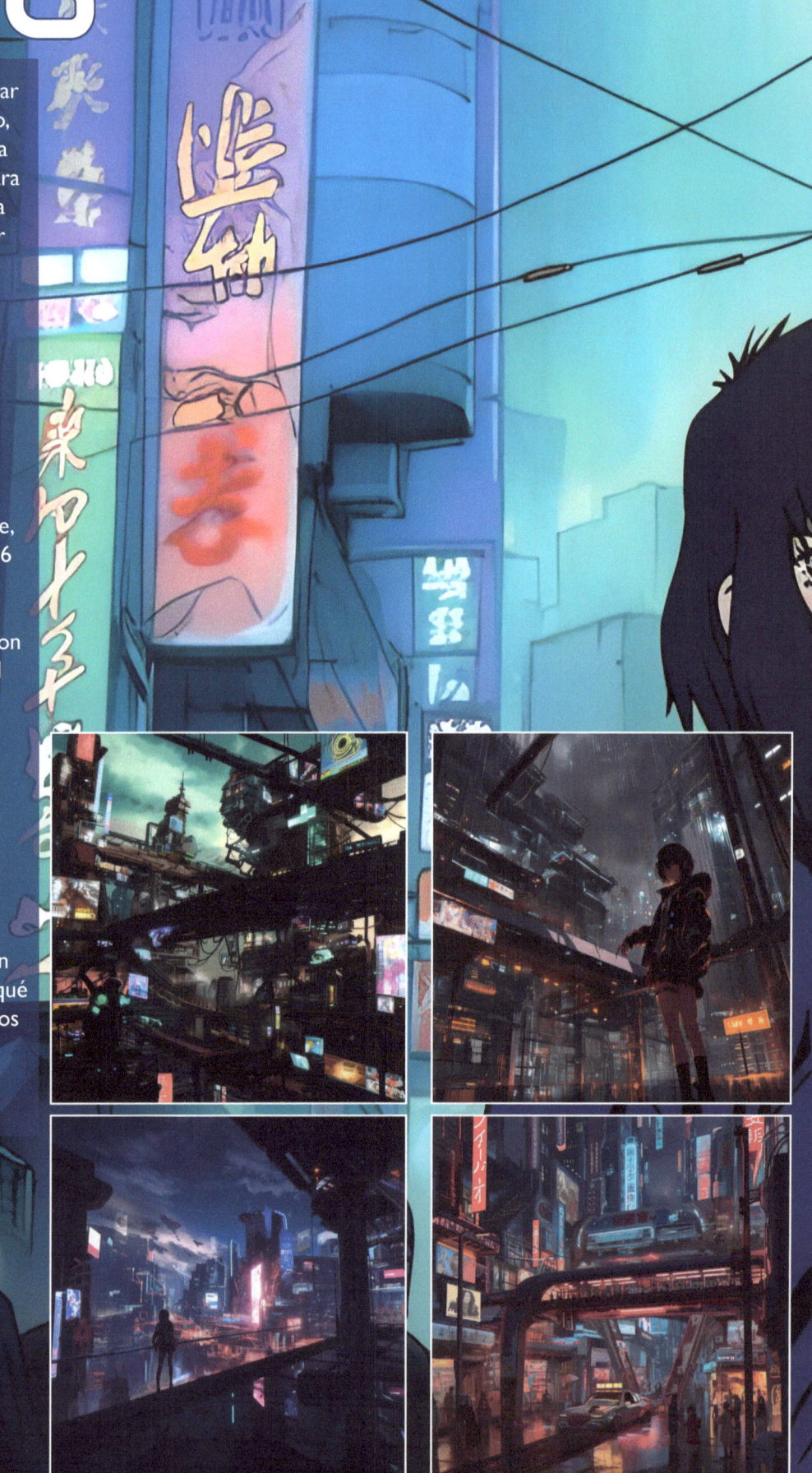

Anime scene in Neo-Tokyo 2075 --niji 6 --s 50 --style raw

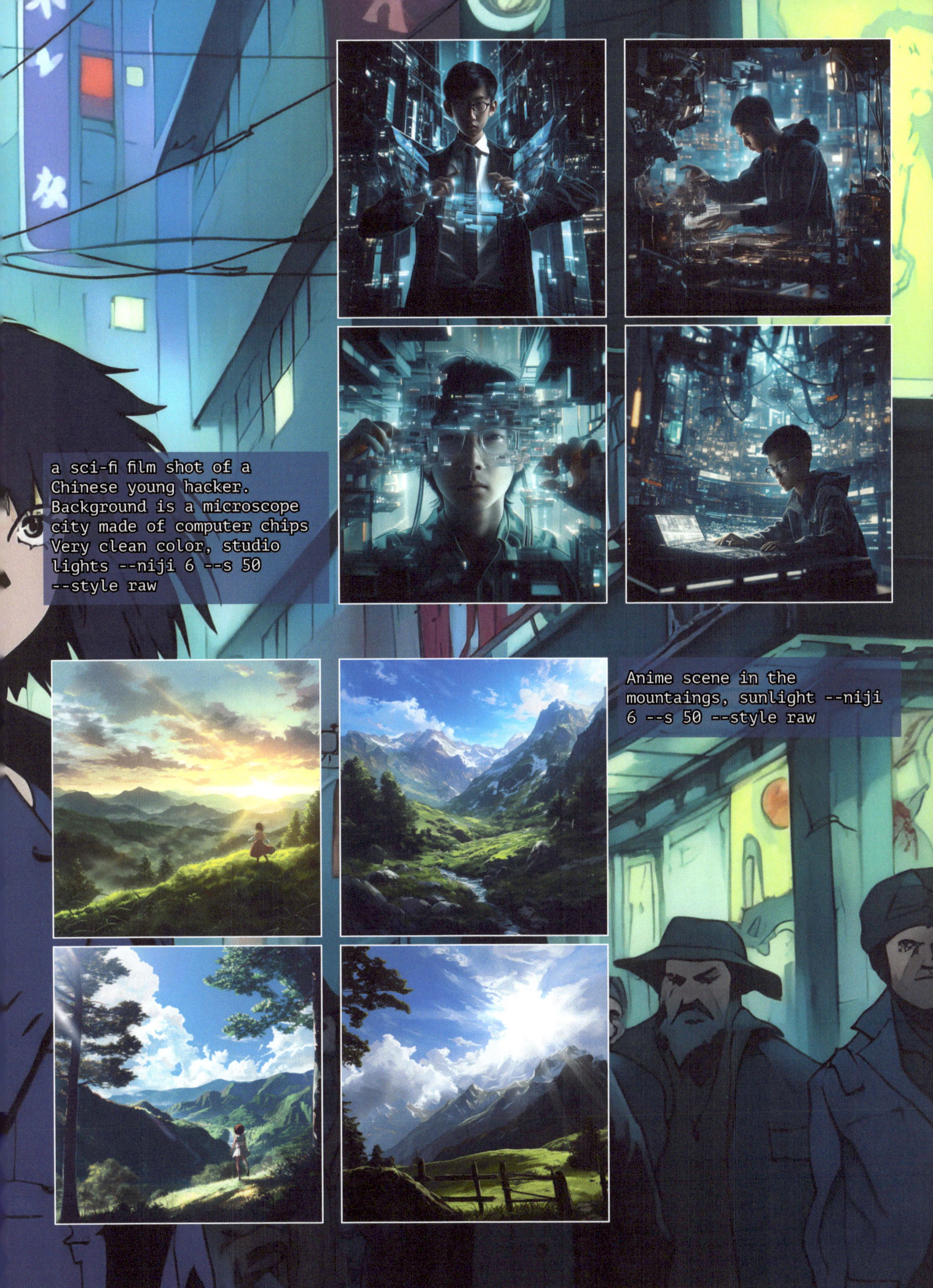

a sci-fi film shot of a
Chinese young hacker.
Background is a microscope
city made of computer chips
Very clean color, studio
lights --niji 6 --s 50
--style raw

Anime scene in the
mountaings, sunlight --niji
6 --s 50 --style raw

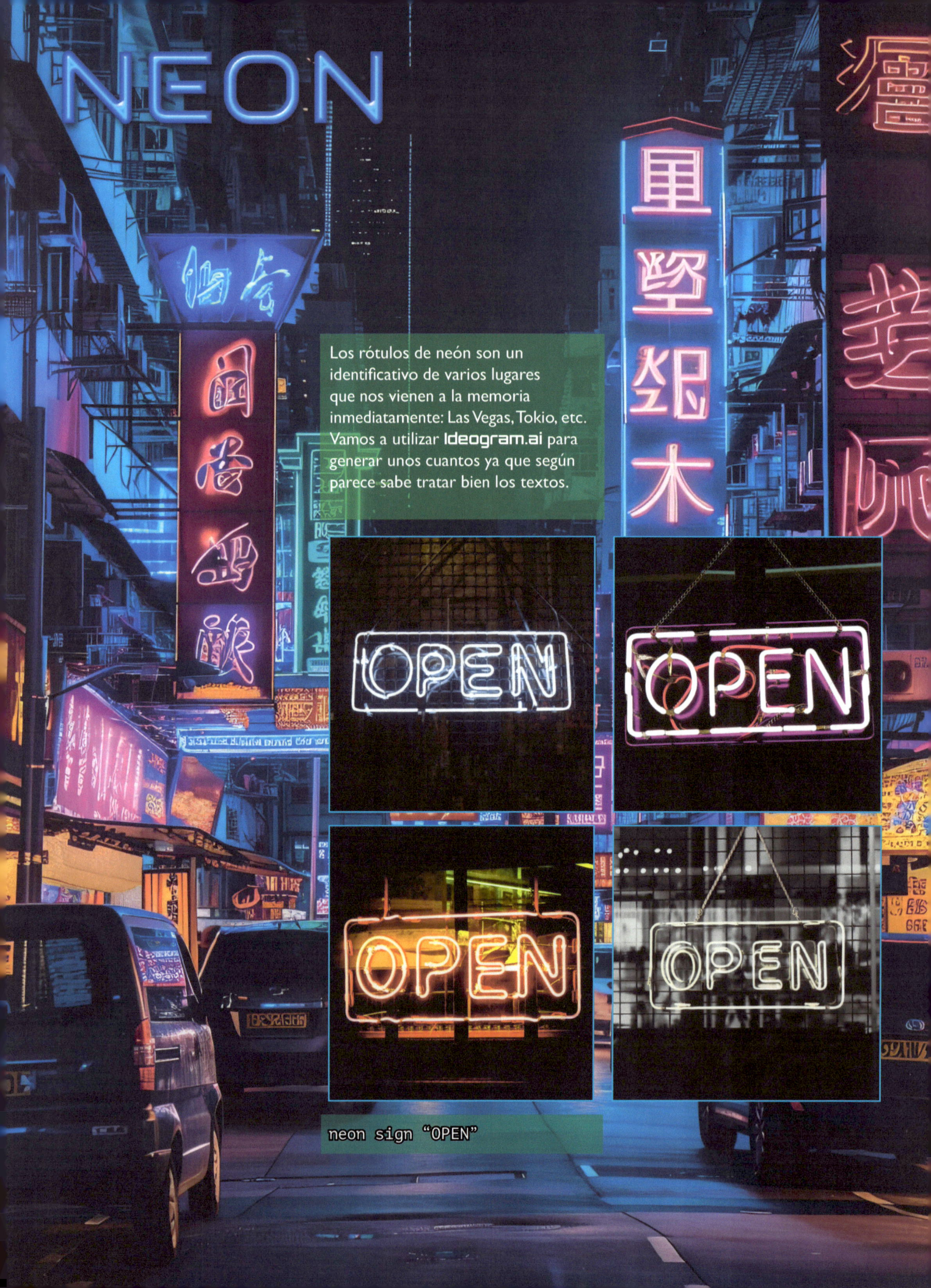

NEON

Los rótulos de neón son un identificativo de varios lugares que nos vienen a la memoria inmediatamente: Las Vegas, Tokio, etc. Vamos a utilizar **Ideogram.ai** para generar unos cuantos ya que según parece sabe tratar bien los textos.

neon sign "OPEN"

El anterior prompt no es que fuera muy complicado. Una sola palabra para el texto. Lo complicamos un poco más:

neon sign "OPEN 24 Hours"

y aquí ya nos falla... Repite cifras, se deja letras... una pena. El neón en sí está genial pero el texto no. Resaltar que nos centramos en el texto puro, no en el fondo ni en nada más. El prompt es muy simple, queremos un rótulo de neón con un texto. Intentamos hacer varias generaciones y siguen saliendo mal, hasta la tercera o cuarta en la que una de las cuatro

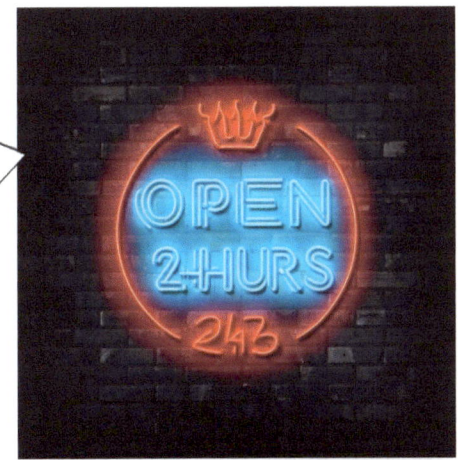

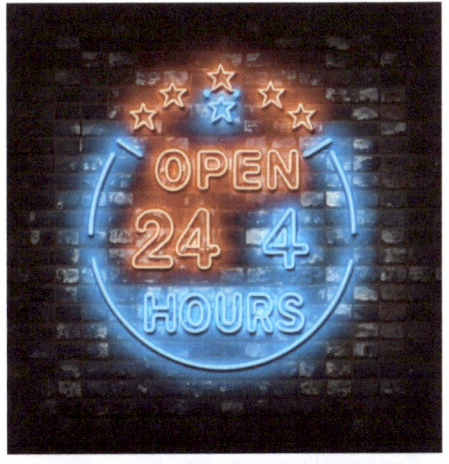

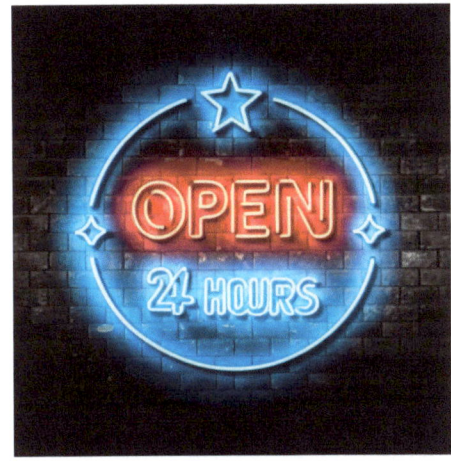

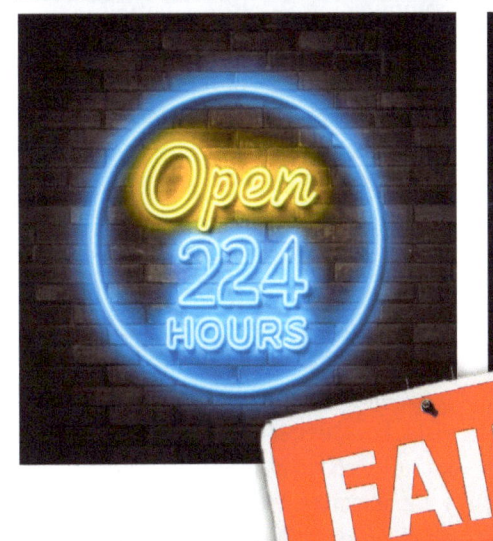

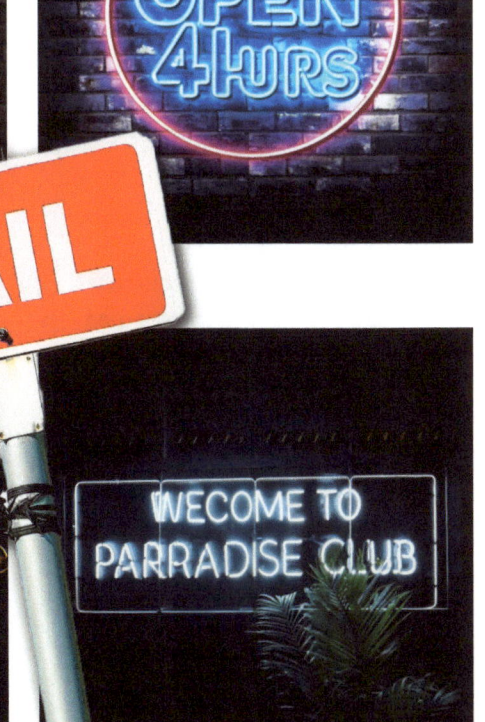

imágenes generadas por fin sale bien: Le damos otra oportunidad y un prompt más complejo:

neon sign "Welcome to Paradise Club"

El resultado es un desastre....Así que se lo pasamos a MidJourney y al menos una de las cuatro imágenes sale así de bien:

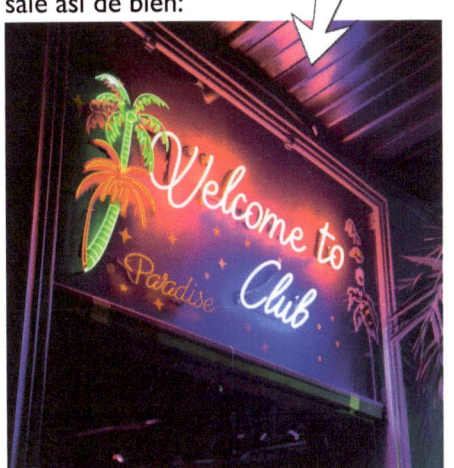

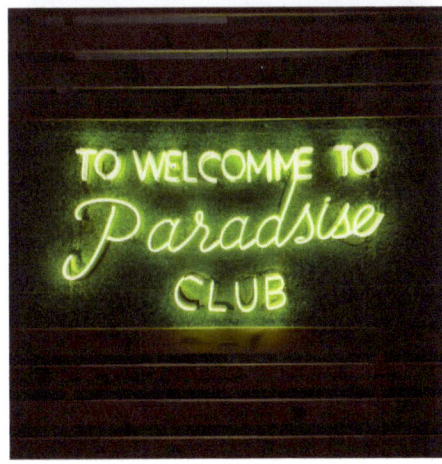

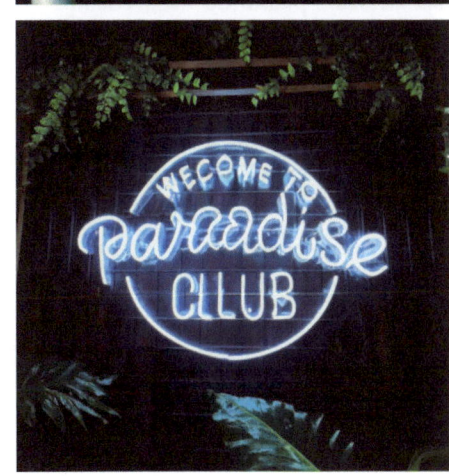

GROQ

Groq es una alternativa a ChatGPT y otros modelos de lenguaje cuya principal diferencia es que no se basa en un modelo de lenguaje, si no en algo llamado LPU Inference Engine y vamos a dejar que nos cuente en que consiste:

- Groq, explícame qué eres.

> Groq es un lenguaje de programación especializado en el procesamiento de datos masivo y aceleración de aprendizaje automático y análisis de datos. Groq se basa en un modelo de programación de vectorización y paralelización de datos, lo que permite una ejecución extremadamente rápida y eficiente en hardware especializado. Groq está diseñado para ser fácil de usar y eficiente en el uso de recursos, lo que lo hace adecuado para una variedad de aplicaciones, desde el procesamiento de imágenes y señales hasta el aprendizaje automático y la inteligencia artificial.

- Qué diferencia hay entre tú y ChatGPT?

> ChatGPT es un modelo de lenguaje de aprendizaje profundo desarrollado y entrenado por OpenAI, mientras que yo soy un modelo de lenguaje de aprendizaje profundo desarrollado y entrenado por Mistral AI. Aunque ambos modelos están diseñados para procesar y generar texto en lenguaje natural, hay algunas diferencias importantes entre nosotros. En términos de rendimiento, ChatGPT es un modelo de lenguaje de gran tamaño y capacidad, entrenado en una gran cantidad de datos de texto. Esto le permite generar respuestas sofisticadas y detalladas a una variedad de preguntas y prompts.

Por otro lado, yo soy un modelo de menor tamaño y capacidad, pero especialmente optimizado para la eficiencia y la velocidad de procesamiento. Esto me permite procesar y responder a consultas de manera rápida y eficiente, incluso en entornos de baja potencia de computación. Además, ChatGPT ha sido entrenado en una amplia gama de temas y dominios, lo que le permite abordar una amplia gama de preguntas y tareas. Por otro lado, yo estoy especialmente diseñado y entrenado para abordar consultas y tareas específicas, como la generación de texto, la clasificación de texto y la respuesta a preguntas fácticas. En resumen, aunque ChatGPT y yo podemos parecer similares a primera vista, hay diferencias importantes en nuestro diseño, entrenamiento y capacidades, lo que nos hace adecuados para diferentes tipos de tareas y aplicaciones.

(Vaya, ¡qué educado!)

- Cuéntame qué es LPU Inference Engine

> LPU Inference Engine es una plataforma de procesamiento de aprendizaje profundo (DL) de bajo poder desarrollada por Groq. La plataforma está diseñada para ofrecer una forma eficiente y rentable de implementar modelos de aprendizaje profundo en aplicaciones de borde y de extremo final, donde el poder de cómputo y la energía son limitados. La arquitectura de LPU Inference Engine se basa en la tecnología de procesamiento vectorial única de Groq, que permite una ejecución extremadamente rápida y eficiente de modelos de aprendizaje profundo. La plataforma admite una variedad de redes neuronales, incluidas redes convolucionales, redes recurrentes y redes neuronales

profundas totalmente conectadas, y admite una variedad de formatos de modelos, incluidos TensorFlow, ONNX y PyTorch. La plataforma LPU Inference Engine también incluye una serie de herramientas y recursos de desarrollo, como un SDK de software, una interfaz de línea de comandos y una interfaz de usuario gráfica, que facilitan el desarrollo, implementación y optimización de modelos de aprendizaje profundo en una variedad de aplicaciones. En resumen, LPU Inference Engine es una plataforma de procesamiento de aprendizaje profundo de bajo poder, diseñada para ofrecer una forma eficiente y rentable de implementar modelos de aprendizaje profundo en aplicaciones de borde y de extremo final. La plataforma está diseñada para ser fácil de usar y eficiente en el uso de recursos, lo que la hace adecuada para una variedad de aplicaciones, desde el procesamiento de imágenes y señales hasta el aprendizaje automático y la inteligencia artificial.

Tras esta concisa explicación de qué es Groq contada por la misma herramienta la hemos puesto a prueba para generar un "maestro de prompts". Comparado con ChatGPT o con LM Studio (utilizando el modelo Mixtral igual que Groq), el resultado no está nada mal. Se nota la limitación del modelo en la complejidad de la interacción, pero aún así consigue resultados correctos.

El "prompt master" generado después de una sesión breve dándole indicaciones precisas según sus propias preguntas es el siguiente:

```
Prompt master:Use this
prompt master to generate
a series of prompts for a
scene in a futuristic space
base located on a desolate
```

and airless planet, set against the backdrop of deep space illuminated by a spectacular binary star or a bright supernova. The base is protected against solar radiation, and all the technology necessary to generate oxygen and food for the base's inhabitants is housed within. The energy plants, which stand out as the main elements above the base, are impressive and sophisticated, with pipes and cables snaking throughout. Rail tracks for vehicles, such as monorails, extend from the base and allow characters to easily travel across the planet. Storage depots, energy plants, and other elements that make life in the base possible are impressive and sophisticated, with pipes and cables snaking throughout. Characters are busy with tasks and responsibilities, and the reader feels immersed in the futuristic world and finds it exciting and believable, considering the challenges of the environment, the technology needed to sustain life in the base, and the additional elements such as the vehicle rails.

Con dicho prompt hemos pedido que lo ejecute y genere algunos de los prompts que ilustramos a continuación. Es como la retroalimentación contínua, se le pide que genere un prompt para que genere otros. En ChatGPT el proceso puede ser inmensamente detallado. Con Groq nos hemos limitado a interactuar media docena de veces para llegar al prompt anterior. Más que suficiente para obtener unas escenas espaciales futuristas interesantes.

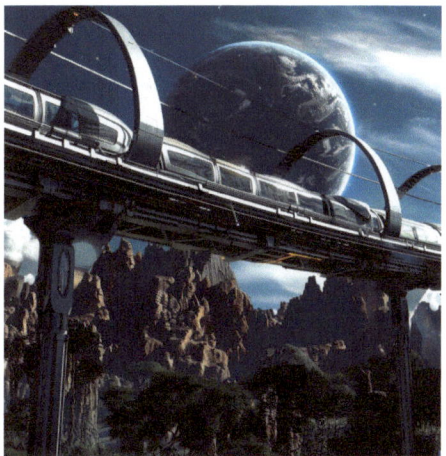

Write a scene where a character uses the monorail system to travel to a different part of the planet, and describe their journey and the sights they see along the way.

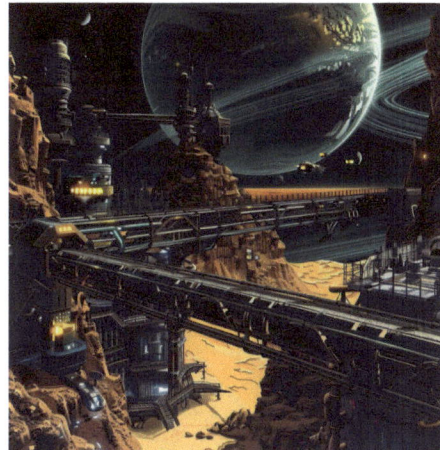

Describe the process of maintaining and repairing the energy plants and other critical systems in the space base.

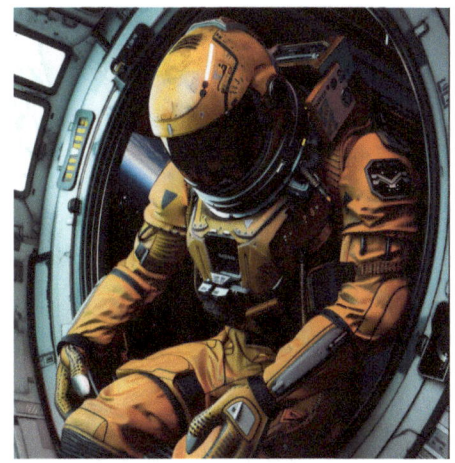

Describe the daily life of a character living in the space base, including their responsibilities and interactions with the technology and other inhabitants.

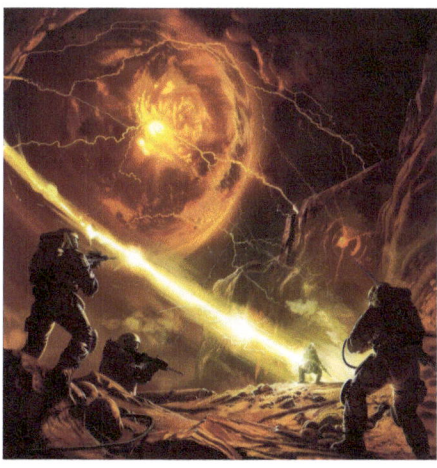

Describe a tense moment where the base's defenses are threatened by a solar storm or other external force, and the characters must work together to protect the base.

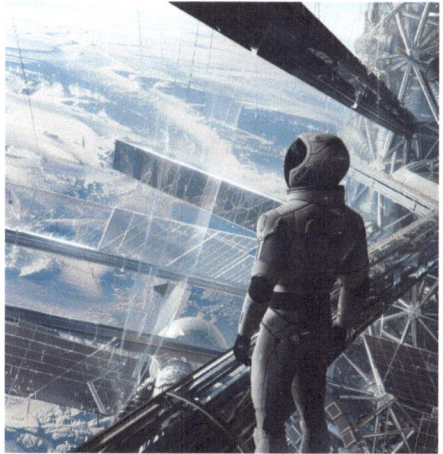

Write a dialogue between two characters about the future of the space base and the potential for human expansion and exploration in space.

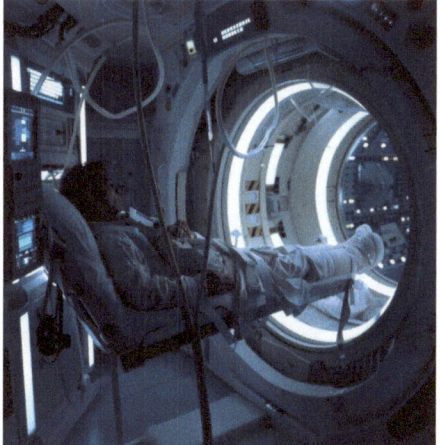

Write a scene where a character experiences a malfunction in the life support system and must troubleshoot the issue.

COMPARATIVA

Los usuarios no se ponen de acuerdo en cuál es la mejor IA para generar imágenes. Por diversos criterios: calidad, velocidad, realismo, coste... y desde Pixel Editions no queremos tomar partido por ninguna en especial. Compararemos un prompt exactamente igual para varias de ellas y el resultado que ofrecen:

El ratio aplicado es de 3:4 en todos los casos. otras características serán propias de cada IA, como los prompts negativos en SD/SDXL o la aplicación de modelos específicos. En el caso de SD/SDXL se aplica el RealVisXL comentado en otro artículo.

El prompt:

```
photo of fit, muscular woman in latex catsuit, long black
hair, standing
```

Dall-E se niega a usar este prompt. Teniendo en cuenta los filtros que usa MidJourney nos sorprende un poco la verdad.

Tras estudiar todos los ejemplos Firefly se lleva el primer puesto seguido de cerca por MidJourney.

Firefly

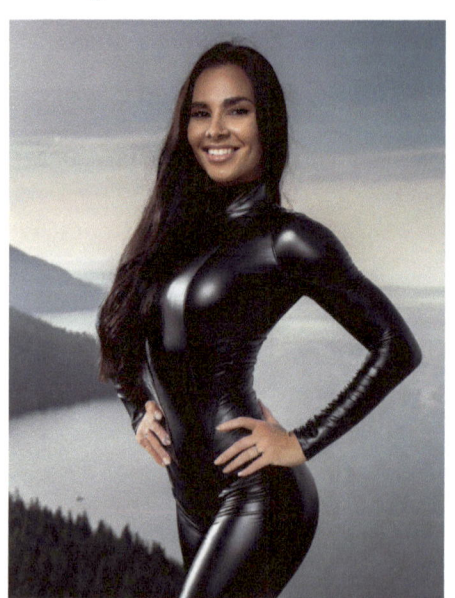
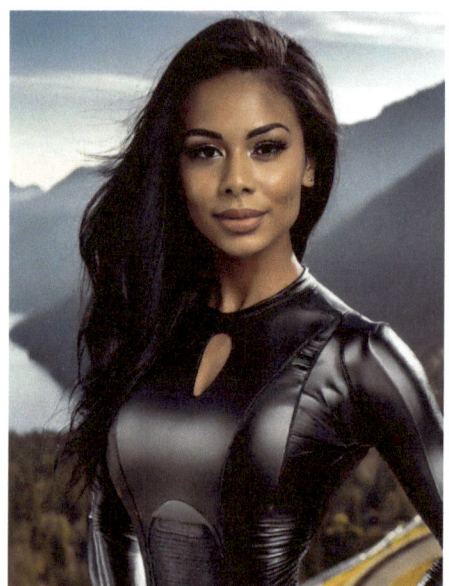

Leonardo

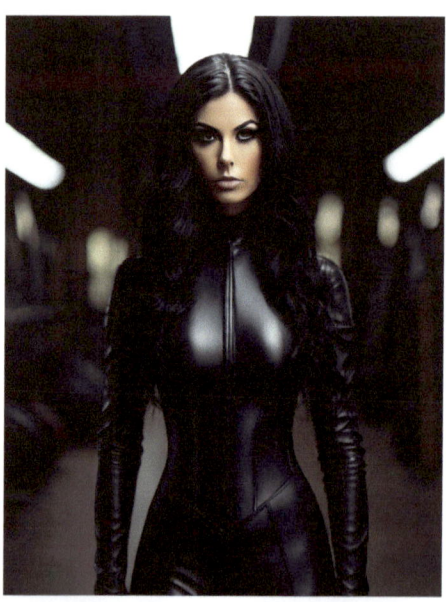

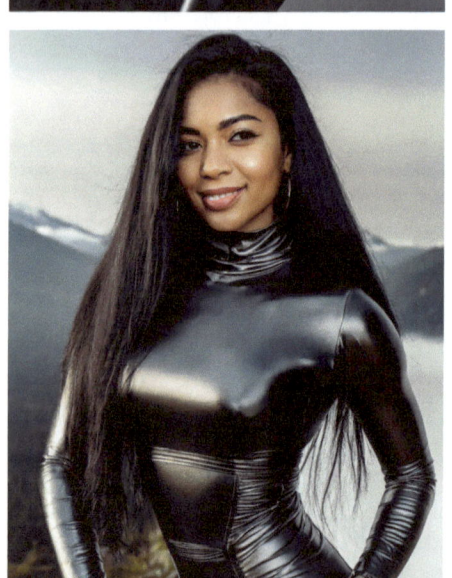
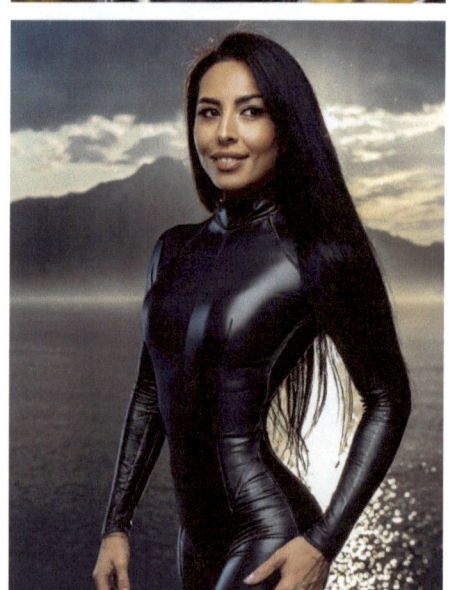

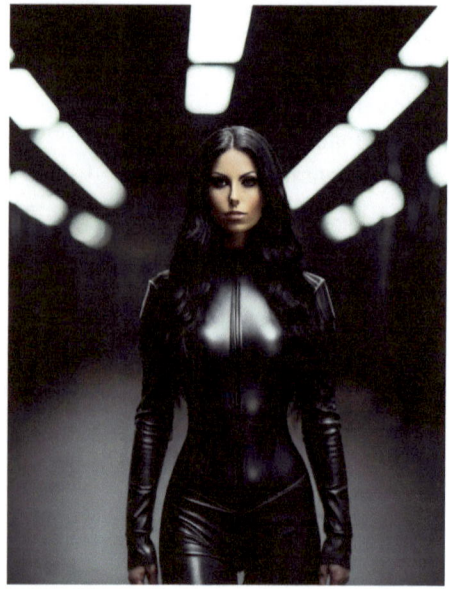

Expresión alegre, body de cuerpo entero. Ambientación exterior.

Expresión muy vacía.

MidJourney

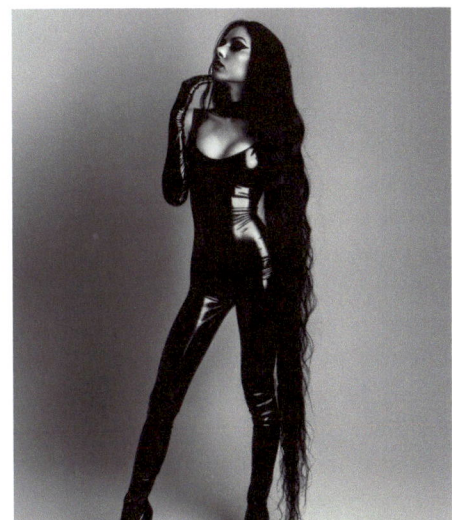

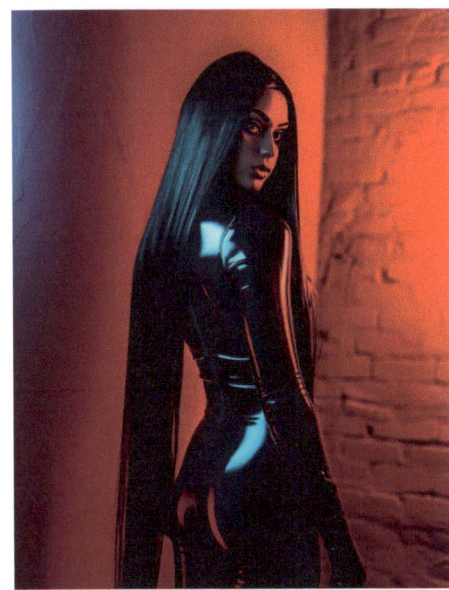

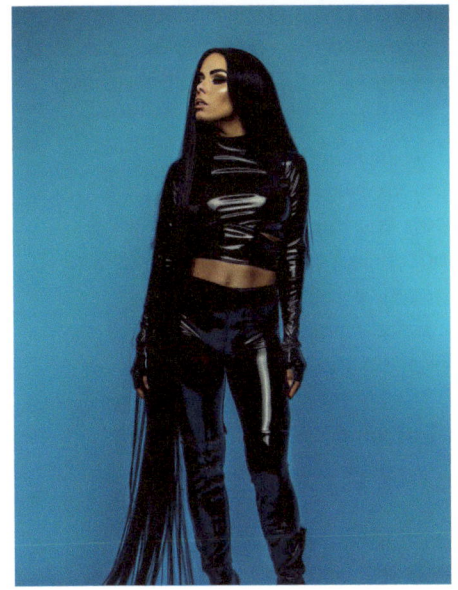

Pelo extralargo. Expresión seria, desafiante.

Stable Diffusion

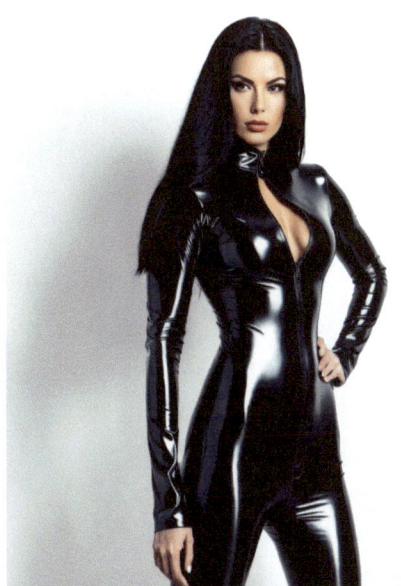

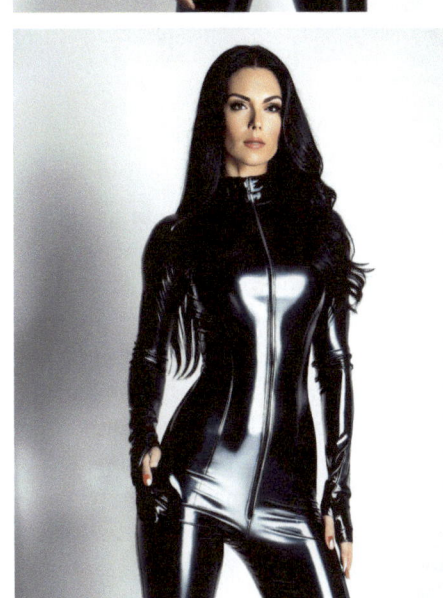

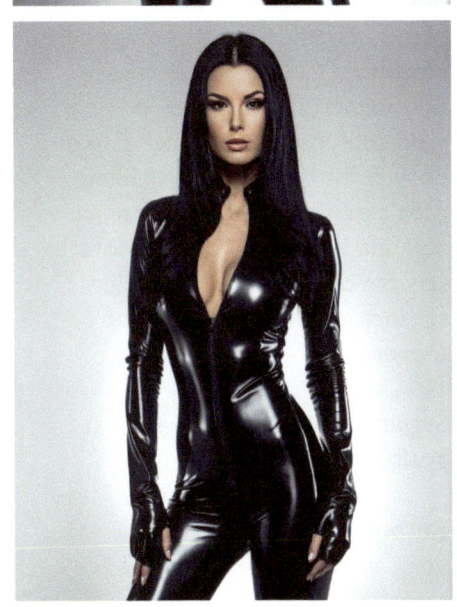

Fotos de estudio. Apenas varía la modelo y la pose.

Ideogram

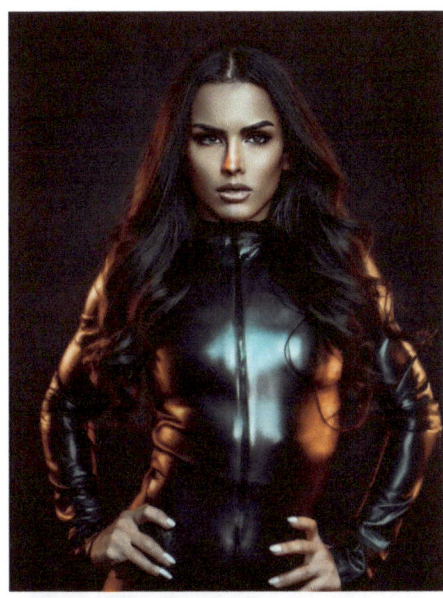

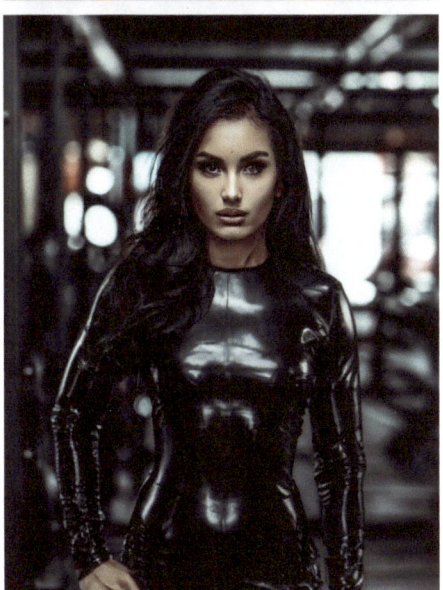

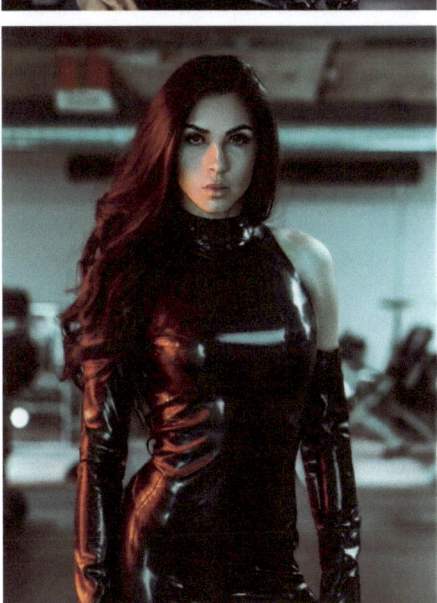

Poca variante entre poses y modelos, por no decir ninguna.

EVOTO

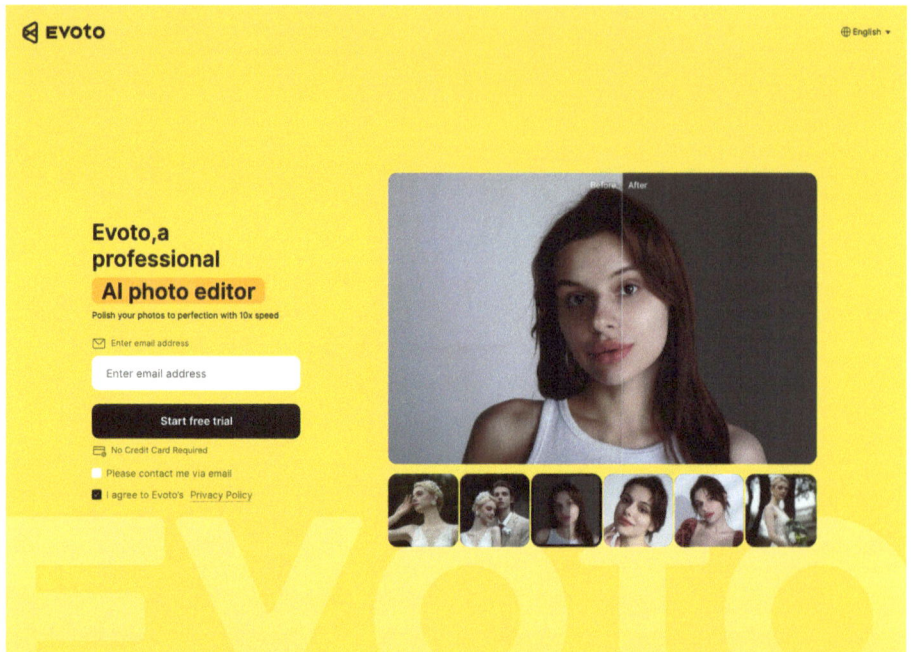

Evoto se presenta como una solución integral para el retoque de retratos, ajustes de color y tonalidad, ajustes de fondo, edición por lotes y paquetes de ajustes exclusivos. Todo ello alimentado por una IA.

La aplicación de escritorio está disponible para Mac y Windows. La descarga es gratuita y su uso también hasta que queremos guardar la imagen procesada. Es entonces cuando entra en juego el sistema de créditos de Evoto. El paquete básico con 1200 imágenes tiene un coste de $83.99. Dicen los de Evoto que el coste por imagen es muy bajo. Quizás. Sin embargo que el paquete mínimo sea de 1200 imágenes deja fuera de lugar a quien necesite procesar apenas unas cuántas imágenes de vez en cuando. Para un fotógrafo profesional o un diseñador quizás el coste de ese paquete no sea tan alto. Dejando a un lado la parte económica vamos a probar la aplicación y ver qué ofrece de verdad. Por suerte dispone de un tutorial interactivo con algunas imágenes de ejemplo con lo cual resulta más sencillo hacerse un idea de lo que es posible hacer y cómo se hace. Ajustes

para la luz, contraste, sombra, etc. son comunes en otras aplicaciones, como Photoshop, o su hermano Lightroom. Ahí no varía mucho lo que ofrece Evoto. Sin embargo cuenta con características específicas para el retrato, como la modificación de la textura de la piel, detalles en los cabellos, ojos, maquillaje, etc. La aplicación de cada efecto o cambio se realiza con controles deslizantes por lo que puede ajustarse se forma precisa evitando la sobrecarga de efectos.

El resultado final es fiel al original y sin sobrepasarse (lo cual quiere decir que hay que estudiar bien cada parámetro para no terminar con una imagen poco profesional). Los cambios cosméticos suelen ser mejores si son sutiles y no exagerados.

Seguidamente un resumen de sus posibilidades:

Retoque de Retrato

En el apartado de retoque Evoto es capaz de eliminar manchas en la piel, reducir ojeras, suavizar las arrugas y los pliegues nasolabiales, eliminar

papada, suavizar arrugas en el cuello, aclarar y oscurecer la piel, igualar la tonalidad de la misma e incluso eliminar defectos corporales.

Esculpir rostros

La herramienta de punta de Evoto permite modificar la forma de la cara, las cejas, los ojos, la nariz, la boca y licuar con simetría.

Dientes perfectos y ojos brillantes

Evoto detecta de forma automática los dientes y los ojos en la foto. Esta potente herramienta puede eliminar el tono amarillento de los ojos y aplicar una corrección dental para que las sonrisas sean más relucientes. Esto también es aplicable a las fotografías de grupo.

Maquillaje digital con estilo

Años de investigación permiten ofrecer una gran variedad de herramientas de maquillaje digital. Puede crear aspectos de cualquier tipo con los reajustes de Evoto: labial, sombra de ojos, rubor, etc. o retocando el maquillaje existente con las funciones exclusivas de Evoto,

Remodelación corporal

Finalmente cuenta con la posibilidad de esculpir cuerpos como un profesional. Ajustar el tamaño de pechos, caderas y cinturas, modificar la altura, etc. y todo ello sin sacrificar la belleza natural de las personas.

Color y Tonalidad

En este apartado Evoto cuenta con edición de archivos RAW. La potencia de esta función asombra por su precisión cromática, calidad fotográfica y velocidad de procesamiento.

Ajustes de Color

Este panel ofrece las herramientas esenciales para modificar el color y la tonalidad de la fotografía.

Editar tonalidad de piel

Con esta opción es fácil crear la

tonalidad de piel adecuada en un instante.

Ajustes de fondo

Fondo limpio
Permite limpiar cualquier fondo con un solo clic.

Sustitución de cielo
Resultados perfectos con unos pocos clics. La aplicación detecta automáticamente las personas en la fotografía, enmascara el cielo y ofrece una amplia gama de escenarios para elegir. Además tiene en cuenta los reflejos del cielo en el agua. Y todo ello de forma automática.

Cambiar fondo de retratos
Sólo hay que seleccionar un nuevo fondo. Aparte de los fondos predefinidos es posible cargar y utilizar un fondo personalizado.

Preajustes exclusivos
Evoto cuenta con ajustes exclusivos preestablecidos para bodas, bebés y niños, maternidad, retratos, familia y un ajuste llamado resplandeciente para eliminar las imperfecciones de la piel manteniendo un textura natural.

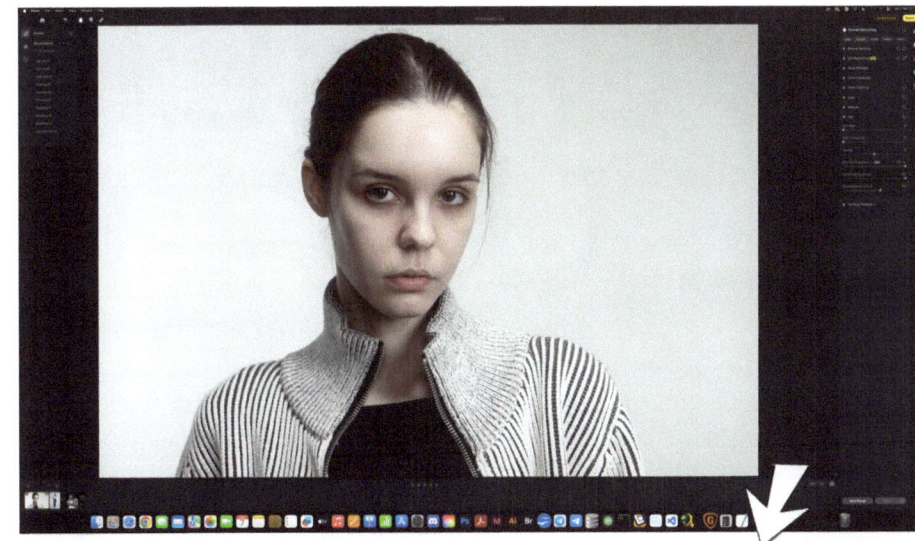

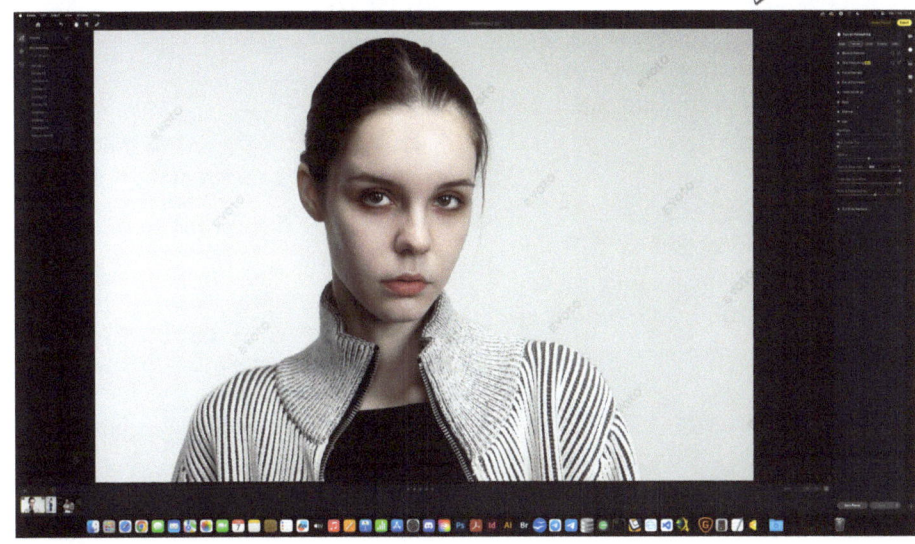

Finalmente cuenta con la edición por lotes permitiendo crear historias perfectas identificando objetos similares en diferentes fotografías y aplicando los ajustes preestablecidos de todas ellas.

MidJourney
Evoto

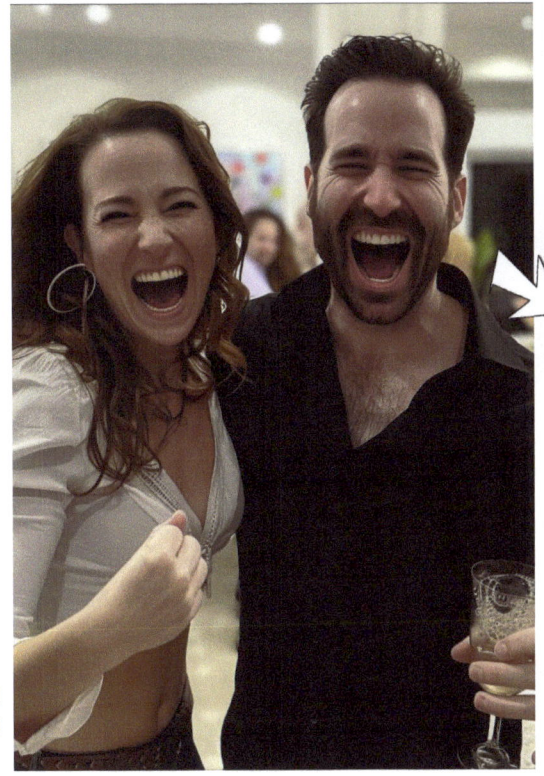

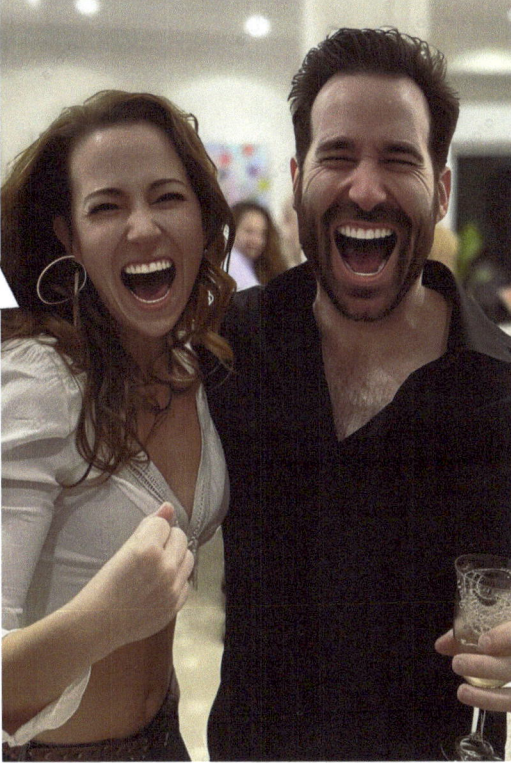

EVOLUCIÓN DE UNA IDEA

Gracias a las mejoras importantes de MidJourney v6 (en estado alfa todavía en el momento de esta edición), las indicaciones para la generación de la imagen, el prompt, deben y pueden ser mucho más detalladas. Cada elemento puede ser descrito de forma precisa, construyendo la escena poco a poco, desde un concepto general hasta el resultado que estamos buscando.

Como ejemplo de este proceso hemos elegido una escena aparentemente sencilla: un parque con un banco y un sombrero encima en época de otoño.

En las siguientes imágenes, acompañadas de sus prompts, se puede ver el cambio de cada imagen al variar el prompt, añadir elementos y así ir ajustando la imagen final hasta conseguir lo que queremos.

En general no solemos fijarnos en algunos aspectos de la imagen que aparecen sin más y en realidad no los queremos. Luces, sombras, artefactos diversos, fondos y toda una serie de elementos que no añaden nada a la escena, más bien al contrario la enmascaran o ensucian.

En ocasiones el ratio elegido no se adapta a la imagen y nos encontramos con bandas negras a modo de marco. Para evitarlo tenemos que cambiar el ratio a uno más adecuado.

Este tipo de construcción de prompts tal y como algunos gurús de MidJourney apuntan, es para personas con gran imaginación y atención al detalle. Ajustando una y otra vez el prompt la generación de la imagen va tomando forma hasta conseguir de forma bastante exacta lo que queremos. Y eso marca la diferencia entre una imagen casual y bonita o una composición hecha a medida. Muchas veces es lo que se necesita y de momento con v6 tenemos esa posibilidad.

A continuación y de forma resumida, las imágenes y prompts tal como fueron evolucionando.

Autumn scene, a bench in the middle of a park with a hat over it

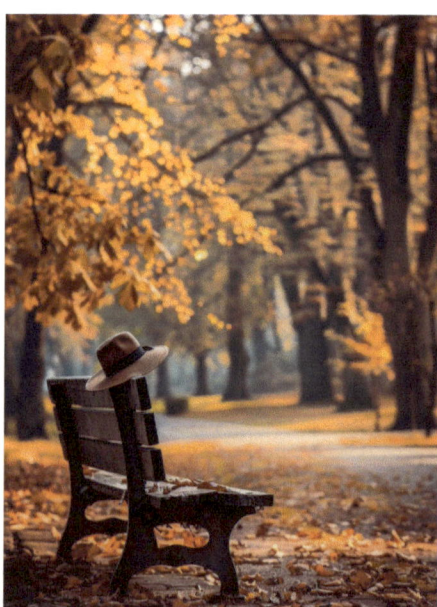

La idea principal está bien, pero hay una serie de elementos que no están como deberían. El sombrero debe estar en el asiento del banco, no en el respaldo. El punto de vista debe mostrar el banco de frente, no de espaldas. Modificamos el prompt:

Autumn scene, a bench in the middle of a park with a hat over the sit. Frontal point of view of the bench.

Hay un error gramatical en "sit" ya que debe ser "seat". Aparte, la vista frontal no es la más estética. Probaremos con otro ángulo.

Autumn scene, a bench in the middle of a park with a hat over the seat. Dutch angle towards seat.

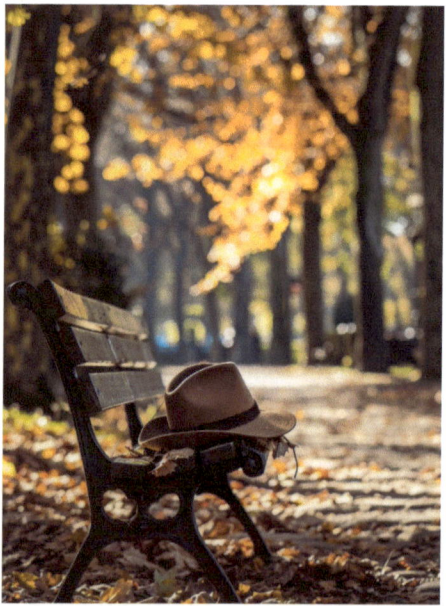

El resultado es correcto hasta cierto punto pero nos ha hecho una jugada: el sombrero es mucho más grande de lo que corresponde. No es proporcional al tamaño del banco.

¿Cómo solucionamos este aspecto de la escena? Redefiniendo el objeto en si. En lugar de usar la palabra génerica "hat" vamos a intentar hacer un Vary Region sobre la zona del sombrero indicándole que queremos un sombrero del

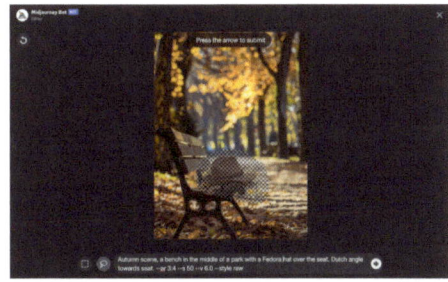

tipo Fedora. Para ello primero escalaremos la imagen y utilizaremos el botón Vary Region. En el editor de dicha opción marcaremos la zona donde se encuentra el sombrero y cambiaremos el prompt:

Autumn scene, a bench in the middle of a park with a Fedora hat over the seat. Dutch angle towards seat.

No funciona. El tamaño de la zona afectada genera un sombrero igual de grande. ¿Podemos indicar el tamaño del sombrero respecto al banco?

Autumn scene, a bench in the middle of a park with a medium size hat over the seat. Dutch angle towards seat.

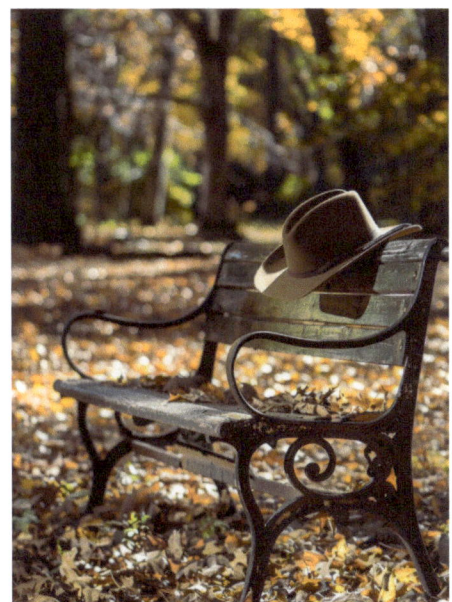

El ángulo y el tamaño son buenos, pero no la posición del sombrero... Es un problema común entre las IA generativas actuales. La interacción con el mundo físico y entender conceptos simples como que el sombrero no puede sostenerse por sí

solo en lo alto del respaldo del banco. Insistiremos en la posición del mismo en la siguiente variante:

Autumn scene, a bench in the middle of a park with a medium size hat. Hat rest on the seat. Dutch angle towards seat.

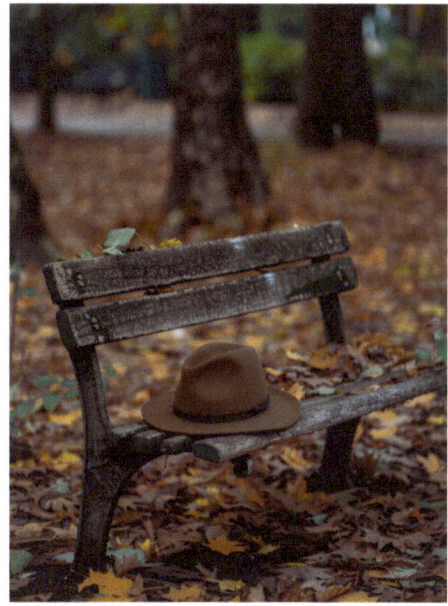

No es un resultado perfecto. Desde este punto es posible seguir añadiendo detalles y cambios. Sin embargo hay otra alternativa, consultar con ChatGPT, Groq o cualquier otro modelo de lenguaje para que construya un prompt más adecuado a la idea que tenemos en mente.

Groq nos da el siguiente prompt:

An image of a park bench viewed at a diagonal angle, as if the viewer is approaching it to sit. The bench is in the center of the image, and a hat is placed on the seat, slightly off to the side to show both the back and seat of the bench. The hat is proportional in size to the bench, and the angle of view gives a sense of depth and perspective.

y tras un par de regeneraciones obtenemos las siguientes imágenes con buenos resultados:

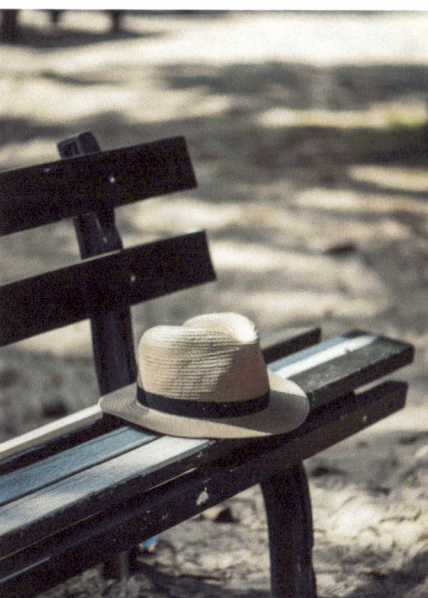

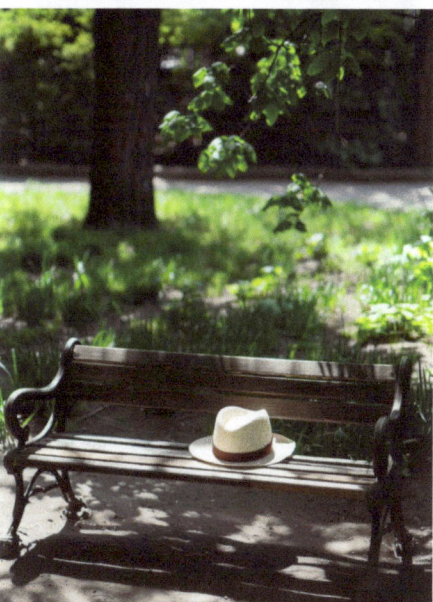

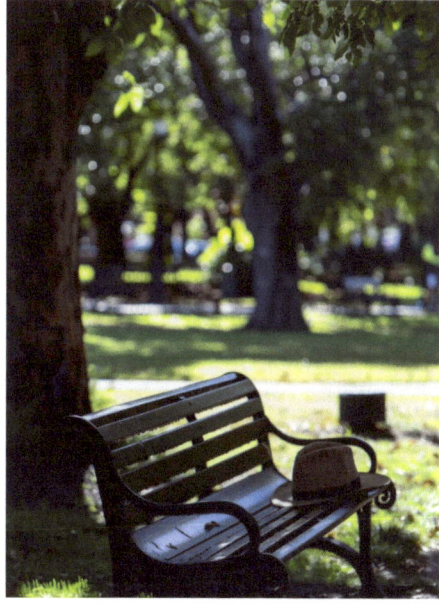

¡nada mal!

PELO

Todas las herramientas generativas tienen sus sesgos y hablando de arquetipos para hombres y mujeres digitales, ¿nadie se ha fijado en la tendencia de moda de MidJourney o Leonardo o cualquier otra? Nos referimos a los peinados. Es difícil que por sí misma una IA decida utilizar un determinado tipo de peinado. Lo mismo ocurre con la etnia, el color de los ojos, etc. Ahora nos centraremos en el estilismo en peluquería, una manera fácil de cambiar por completo la fisonomía de nuestras personas digitales.

¿Cuántos tipos de peinados hay? Tantos como personas en el mundo, eso para empezar. Nos quedamos con una lista de los más frecuentes, los más populares, los que más favorecen y los aplicaremos a MidJourney y Stable Diffusion. Ambas IA suelen reconocer bien los estilos propuestos.

Cualquier prompt se puede modificar con el fragmento [estilo] `haircut style` para que funcione.

Vamos allá:

MidJourney

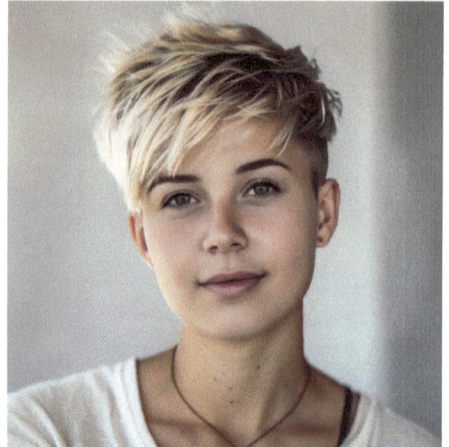
Pixie

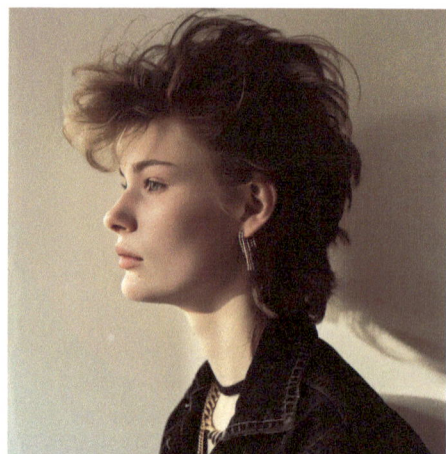
Mullet

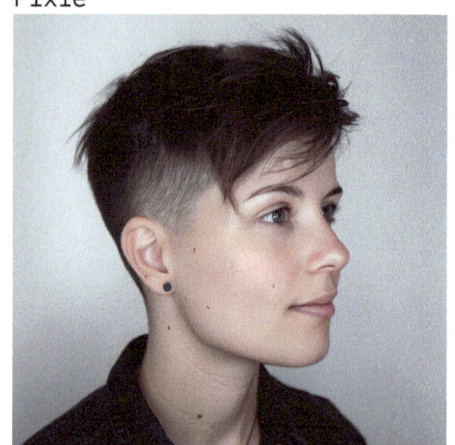
Genderless

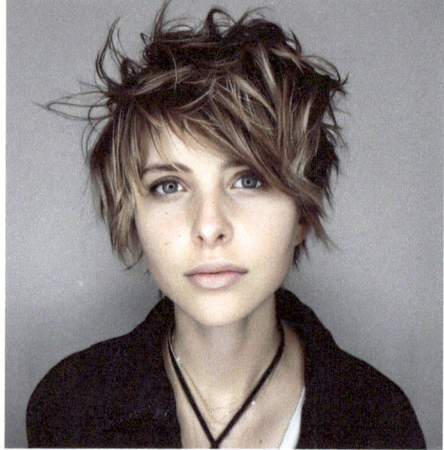
Shaggy

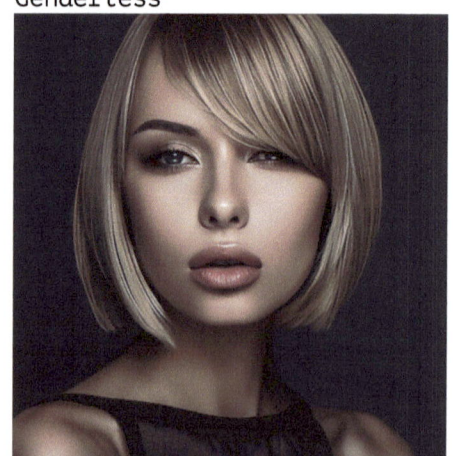
Bob Carré

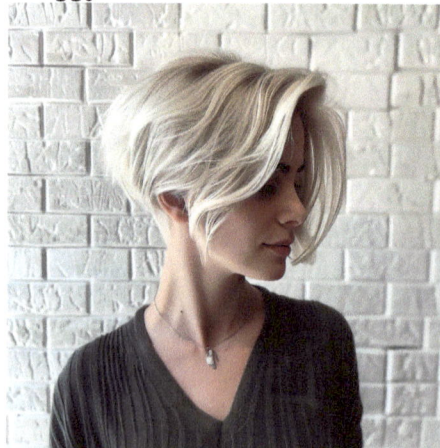
Midi

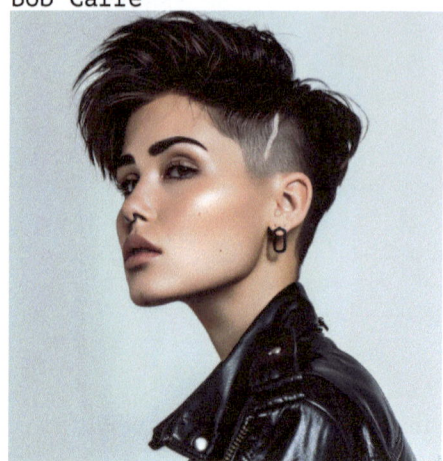
Mixie

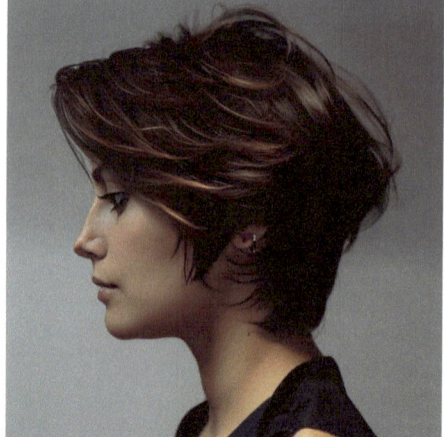
Slob

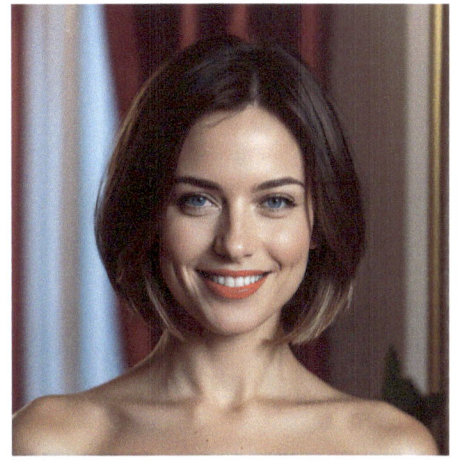

Bob

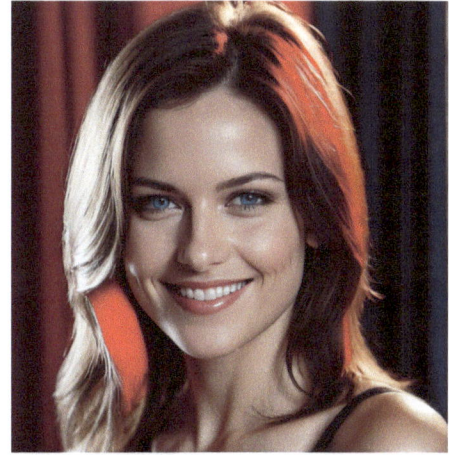

Long Shag

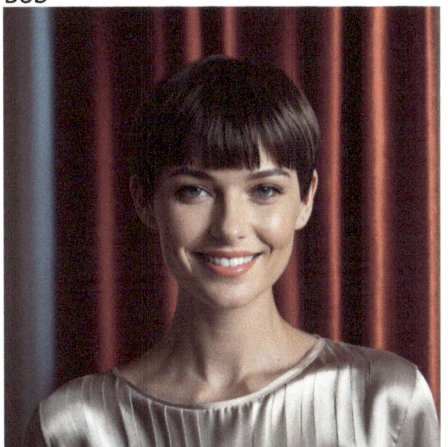

Bowl Cut

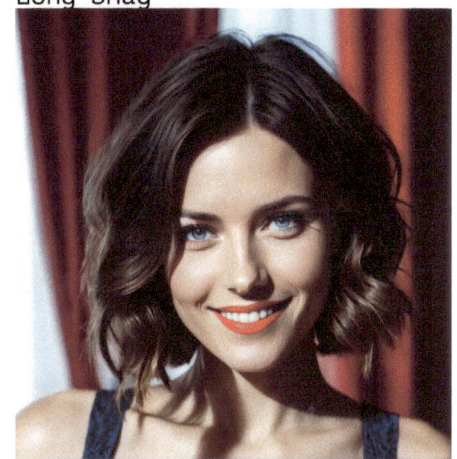

Asymmetric Bixie

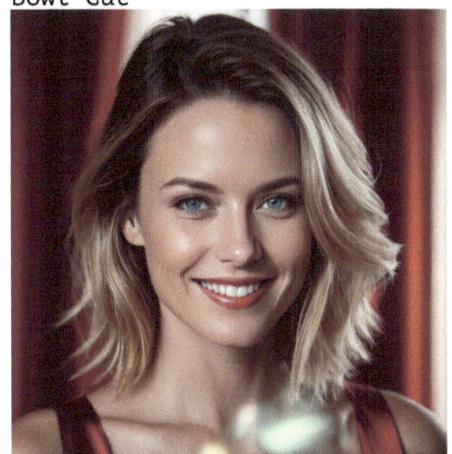

Clavicut

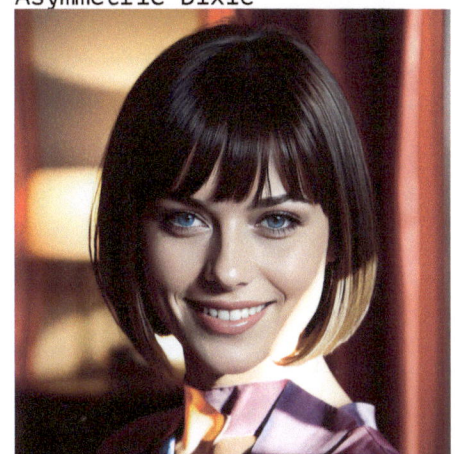

Bob with bangs

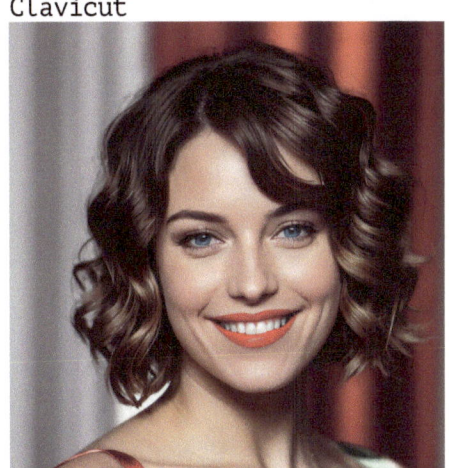

Curly Bob

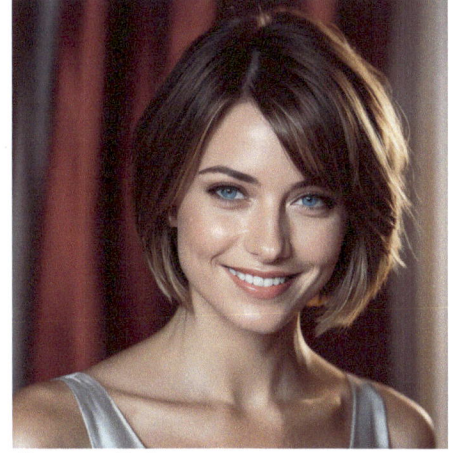

Choppy Bob

Algunos peinados no están 100% acertados, sin embargo lo que importa es el cambio que producen en la expresión de la persona. Aplicados a rostros femeninos el cambio es notable.

La lista de posibles peinados es inmensa. Citamos unos pocos para que puedas probarlos en tus propias imágenes: Pixie, bob, bob mini, bob carré, genderless, mullet, bowl cut, garçon, boyish, clavicut, shaggy, midi, micie, longo shag, curly bob, wolf cut, undercut pixie, shixie, bixie, hush cut, curly shag, shaggy bob, butterfly, long bob, lob, sharp bob, asymmetric bixie, choppy bob, blunt bob, french bob, micropixie, slob, bob with bangs, flepper bob... y un largo etcétera.

En Stable Diffusion parece que encerrar el estilo entre paréntesis funciona mejor que si no los usamos. Esto se aprecia más cuando el estilo no es una sola palabra, como bowl cut o blunt bob.

Como siempre, la experimentación es la clave para conseguir buenos resultados.

Prueba una permutación de todos ellos en Invoke AI, por ejemplo. Así conseguirás todos los estilos mencionados en un solo lote.

Stable Diffusion

HuggingFace

Probamos varios modelos online y de forma gratuíta en Spaces, dentro de HuggingFace Co.

https://huggingface.co/spaces

Stable Cascade

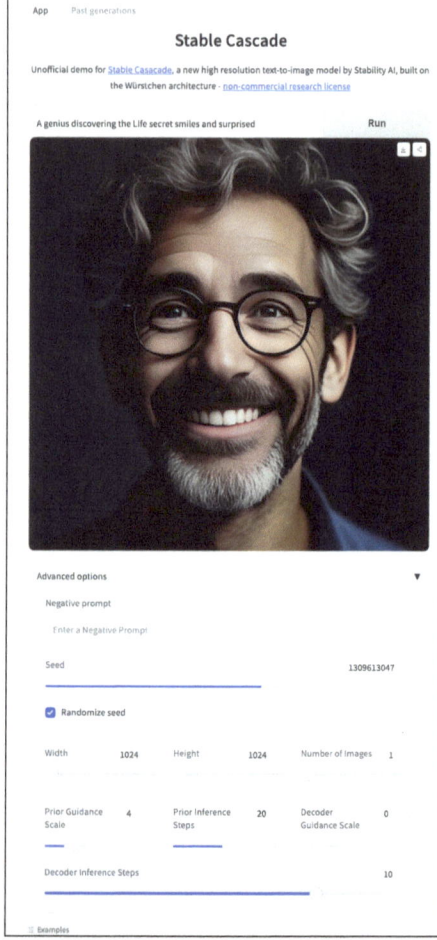

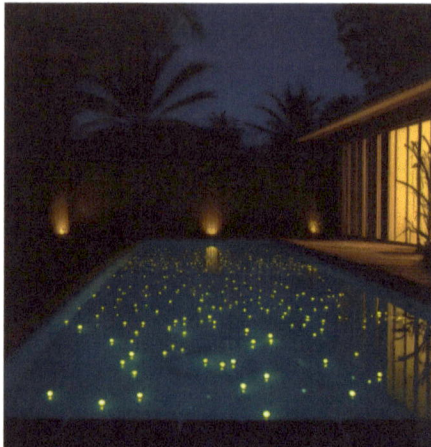

SDXL Lightning

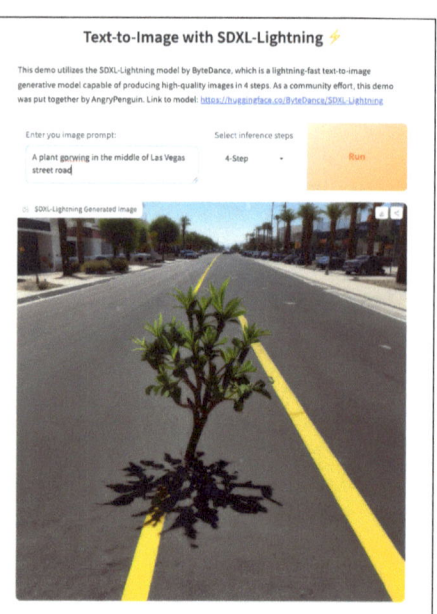

Interface aun más simple. Sólo un campo para escribir el prompt y apenas cuántos pasos queremos aplicar, de 1 a 8. Por defecto son 4, cuyo resultado como se puede ver no es muy bueno. ¿Qué ocurre con la línea de carretera? Con 8 pasos la planta está mucho mejor generada. El fondo es horrible, deformado de tal forma que esta imagen no es aprovechable. Con unos cuantos pasos más como opción quizás sería una alternativa gratuíta a tener en cuenta.

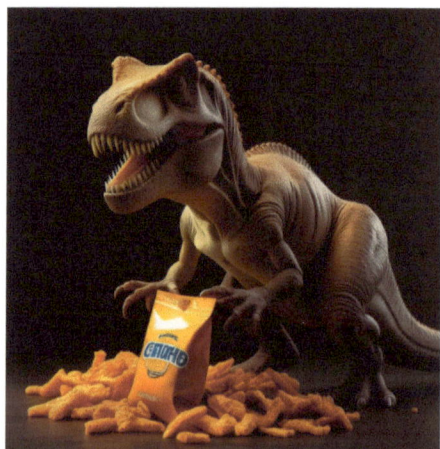

Muy básica, minimalista incluso, genera imágenes a un nivel que las IA más veteranas superan por mucho. Es gratuíta hasta donde la hemos probado y para hacer alguna imagen de forma rápida puede ser una opción.

A nuestro parecer le falta madurez y posibilidades como elección de modelos y otras características propias de una IA basada en modelos de difusión.

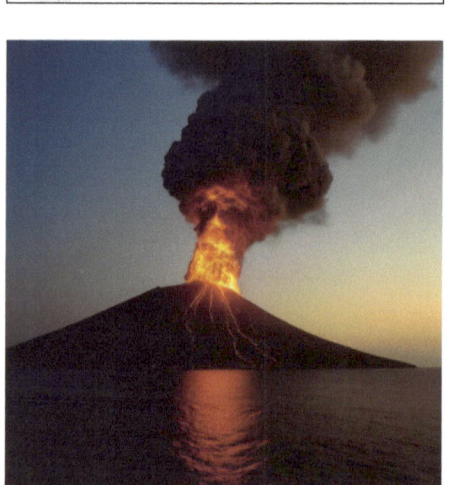

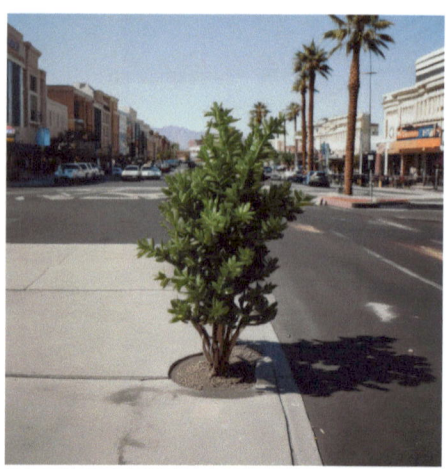

https://huggingface.co/spaces/multimodalart/stable-cascade

https://huggingface.co/spaces/AP123/SDXL-Lightning

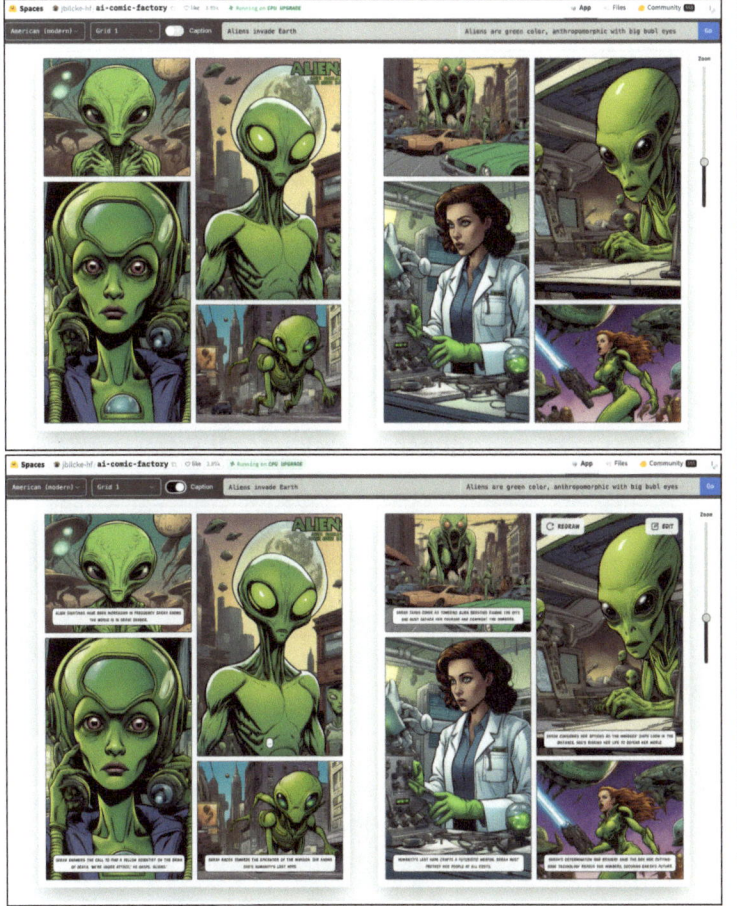

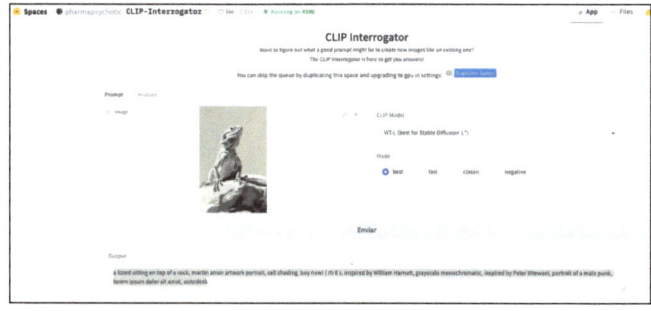

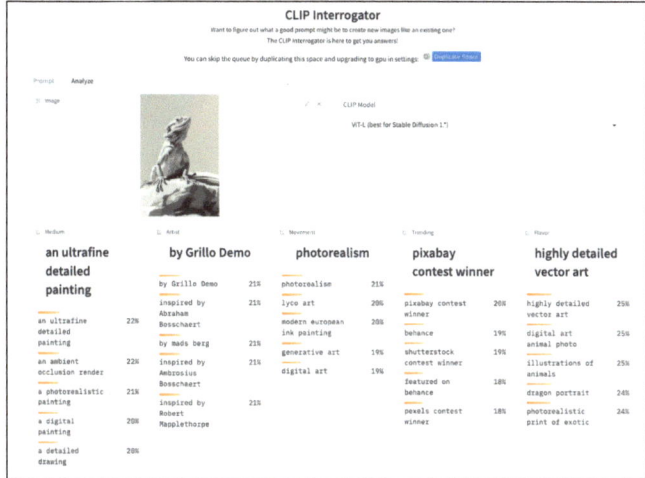

https://huggingface.co/spaces/jbilcke-hf/ai-comic-factory

https://huggingface.co/spaces/pharmapsychotic/
CLIP-Interrogator

AI Comic Factory

Una interesante forma de crear páginas de comic, con posibilidad de elección del número de viñetas, estilo general del diseño, inclusión de captions (bocadillos), etc. Intenta mantener la coherencia entre viñetas respetando la historia que indicamos en el prompt principal. El prompt secundario define el estilo de los personajes.

Exporta a PDF. Hemos hecho algunas pruebas y la exportación tiene algún que otro problema. Aún así es una aplicación interesante para creadores de historias gráficas.
Se echa en falta más variedad de estilos. Actualmente sólo tiene 15, desde el American Style hasta Stock Photo.
Por otro lado es posible editar viñeta a viñeta para ir ajustando la historia y darle más coherencia. Crear un comic completo puede ser una tarea bastante laboriosa.

COQUI TTS

Con una interface sencilla y directa Coqui TTS convierte textos a audio en varios idiomas con un solo clic. La voz puede entrenarse para acomodarse al estilo que queramos utilizando voces de referencia o nuestra propia voz grabada con micrófono. Acepta hasta 200 caracteres de texto.

CLIP Interrogator

A partir de una imagen genera un prompt lo más ajustado posible para poder generar dicha imagen. Nada muy novedoso. En la pestaña Analyze es donde se produce la magia. Analiza una imagen y nos descubre una gran cantidad de información sobre la misma. El medio, el artista, el movimiento, la tendencia y el tipo de la imagen con porcentajes de cada uno de estos aspectos con más detalle si cabe.

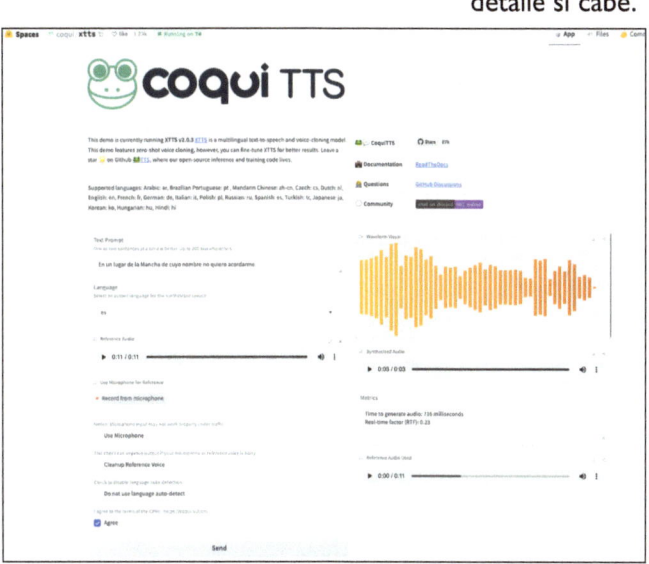

https://huggingface.co/spaces/coqui/xtts

ÁNGULOS

Utilizando a una de las mascotas más comunes, un perro, vamos a ver distintos ángulos de cámara aplicables a cualquier IA. Para personas tenemos algún ángulo adicional o indicación, como el medio cuerpo, cuerpo completo, etc. que en este caso no se aplican. Los perros suelen generarse a cuerpo completo exceptuando algunas tomas muy cercanas.

Los ejemplos se realizaron con MidJourney pero como decíamos, cualquier IA respetará, a priori, las indicaciones utilizadas.

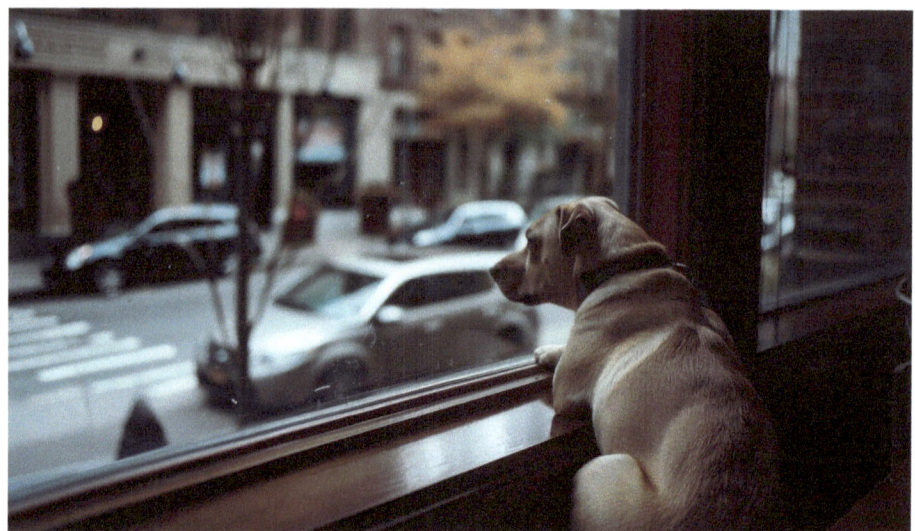

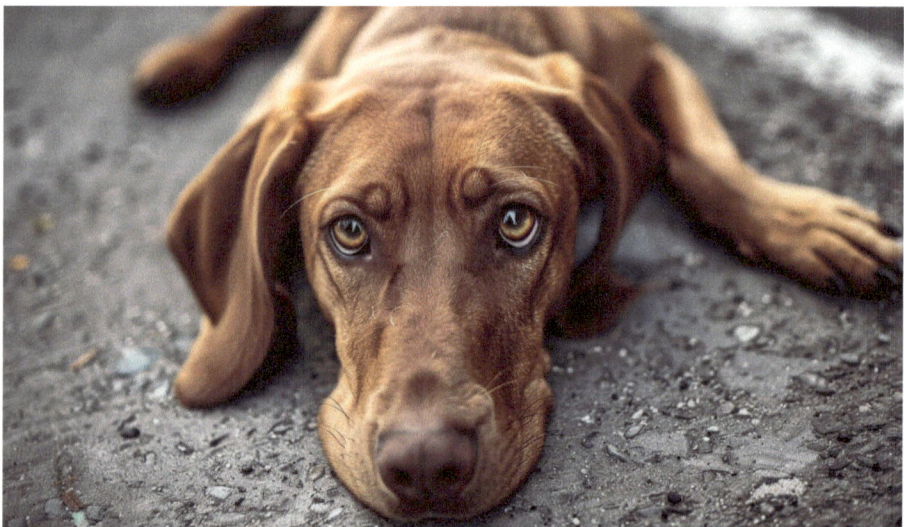

centered view

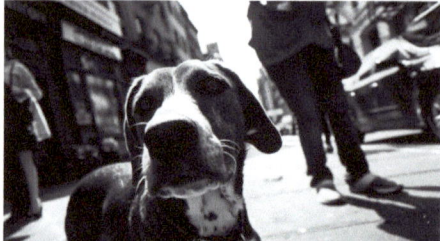

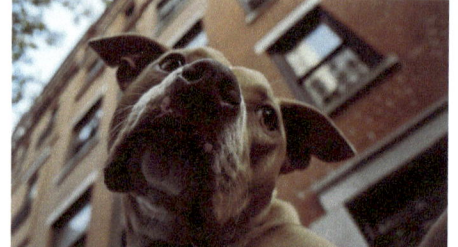

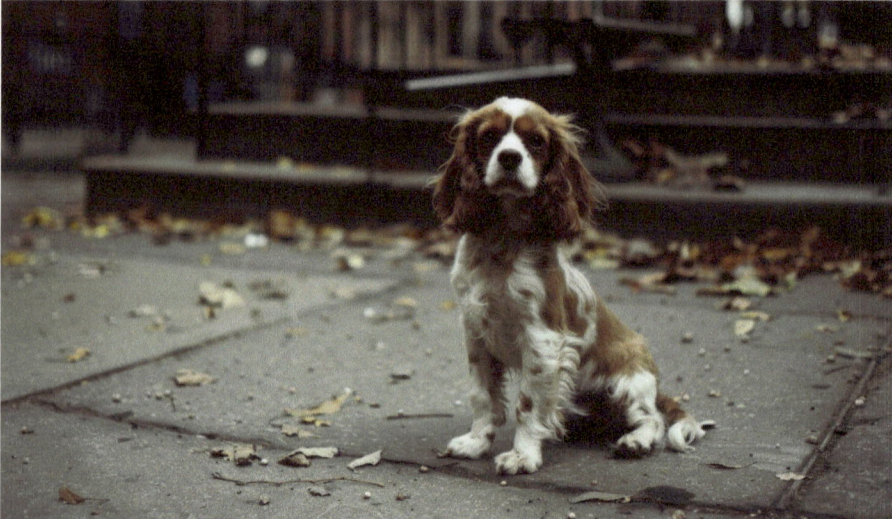

centered view, looking straight at us

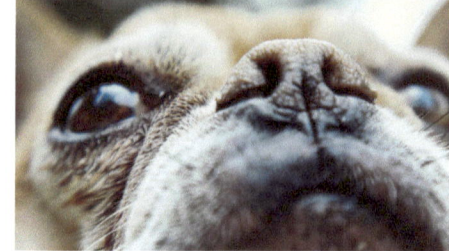

high angle shot, looking up

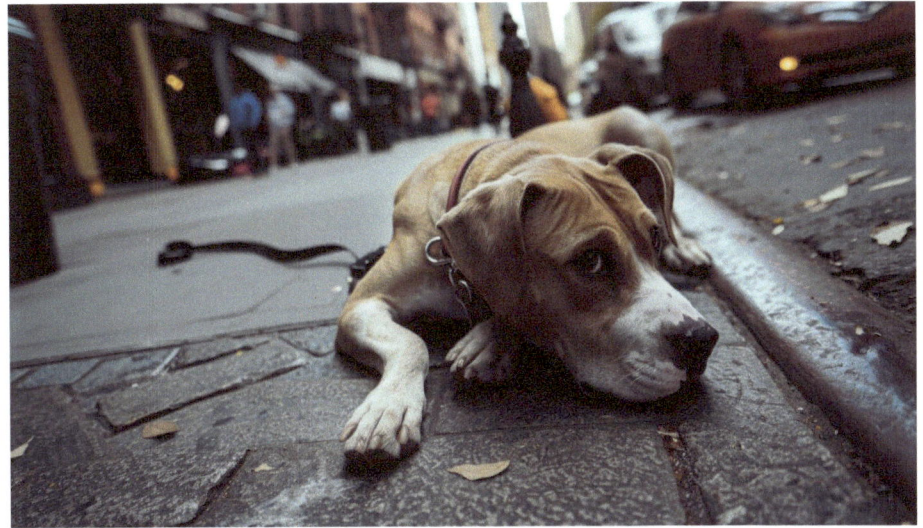

wide angle shot

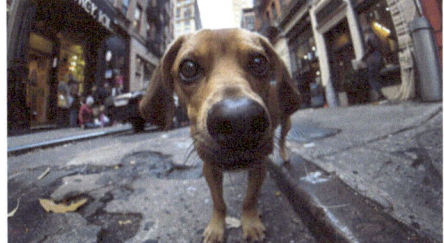
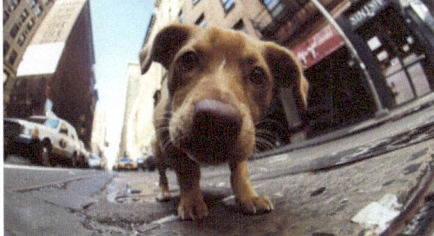

fisheye

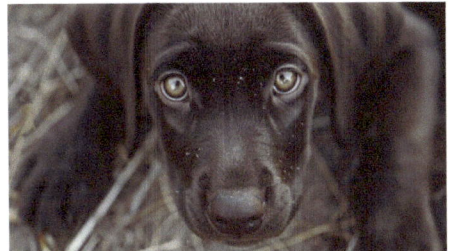
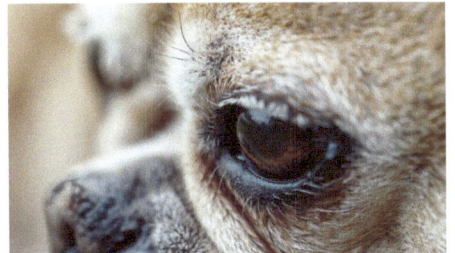

headhost extreme closeup

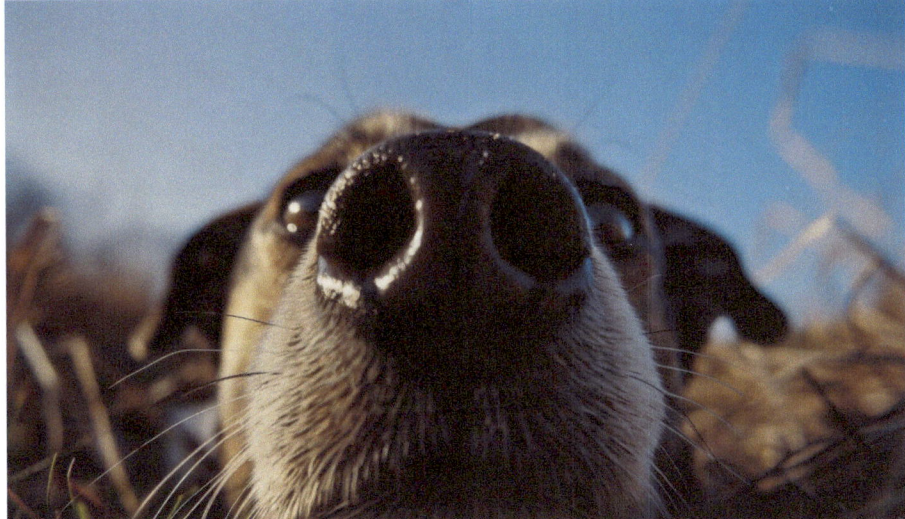

low angle shot

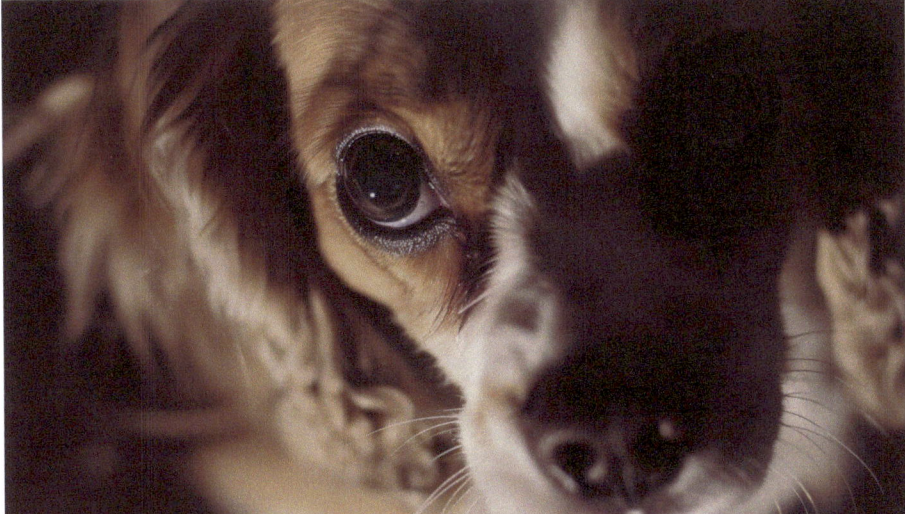

head shot

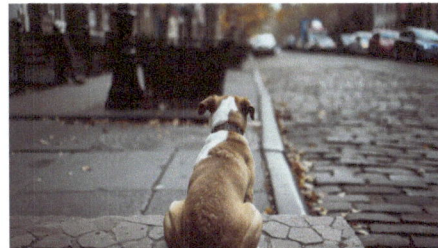
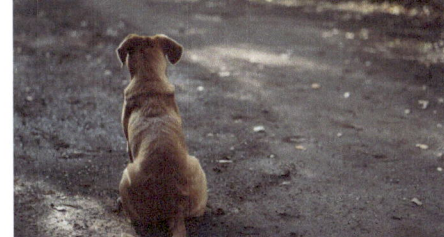

shot from behind

TUNE

Tune es un comando de MidJourney para entrenar estilos personalizados. El modo de utilizarlo es con el comando /tune [prompt] es decir, en lugar de utilizar /imagine [prompt] sustituimos imagine por tune. Vamos a crear un estilo para parques abandonados con:

```
/tune Abandoned amusement
park, eerie desolation,
Gothic architecture,
dilapidated structures,
Halloween night, haunting
atmosphere, full moon
illumination, mysterious fog,
eerie shadows, overgrown
pathways, vintage carousels,
rusting roller coasters,
spectral silhouettes,
ghostly apparitions, midnight
hues, Victorian Gothic
Revival, twisted ironwork,
decaying grandeur, desolate
beauty, spooky ambiance,
cobwebbed fantasy, chilling
thrill rides, backdrop of
supernatural occurrences,
captured by Tim Burton-
inspired aesthetic, Gothic
Photographic Style by Simon
Marsden, Captured in HDR by
Ansel Adams
```

En cuanto lanzamos el comando aparece la siguiente pantalla:

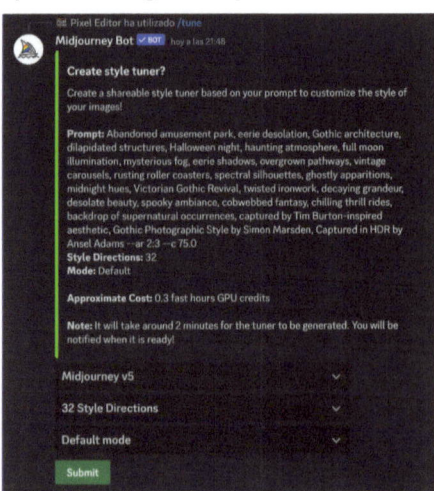

Nos pregunta si queremos realizar el entrenamiento de un nuevo estilo con el prompt que hemos indicado. Informa de que este proceso tiene un coste de GPU, según las interacciones que solicitemos. En el caso de 32 interacciones el coste es de 0.3 horas de GPU. El máximo es de 128 interacciones. Y por ahora sólo funciona con la versión 5 de MidJourney.

Aceptando este formulario empezará el proceso de generación de imágenes. Una vez terminado aparece un enlace para ver el resultado.

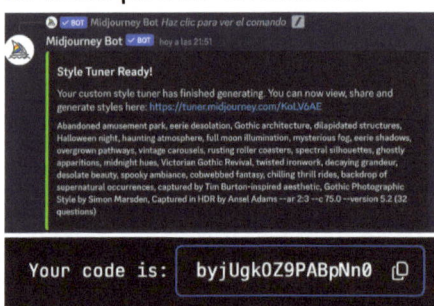

El enlace abre una página Web con todas las imágenes generadas y desde esa página elegiremos las imágenes que se ajusten mejor a lo que queremos conseguir. Puede ser por parejas, eligiendo la mejor de las dos o bien ignorándolas, o puede ser por cuadrícula, eligiendo las imágenes. No hay obligación de elegir una imagen de cada pareja. Cuántas más mejor para definir el estilo pero si las imágenes no encajan en nuestra idea es mejor no elegir.

En el momento que tengamos las imágenes seleccionadas (en realidad desde la primera que elijamos) aparece un código de estilo en pantalla, al final de la misma: **Your code is xxxxxxxx**

Ese código lo podemos compartir y lo interesante es conservarlo en

alguna parte además de en la página Web.

En otro artículo hemos explicado como crear una opción y es la mejor forma de utilizar estos códigos. Creando una opción para el estilo nos será mucho más fácil utilizarlo. Por ejemplo:

```
/prefer option set option
AbandonedPark value: --style
byjUgkOZ9PABpNn0--v 5.2
```

Forzamos la versión de MidJourney porque por ahora no funciona con la v6 y si esa es nuestra versión por defecto nos daría error al usar esta opción. De este modo queda fijada la versión en la misma opción.

Para usarla podemos crear un prompt nuevo tal que:

```
Cathedral --AbandonedPark
--ar 2:3
```

dando como resultado:

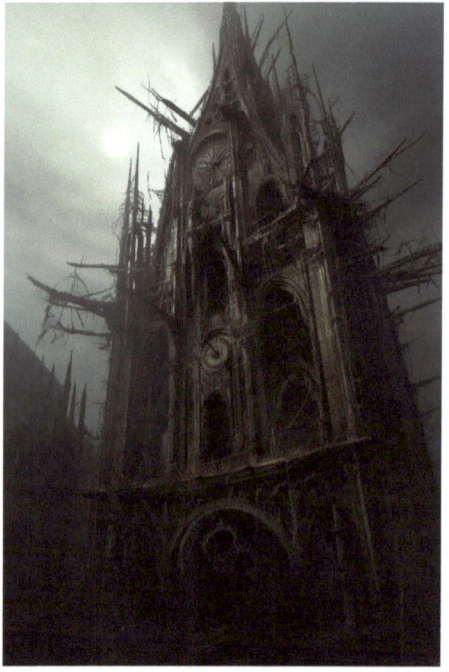

Bastante similar al estilo que producía el prompt original del parque abandonado:

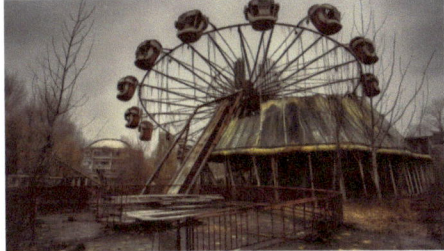

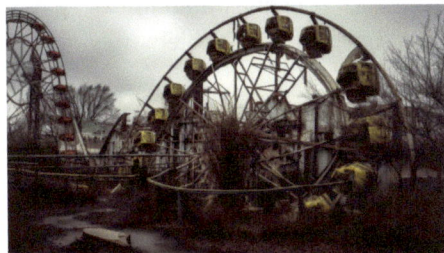

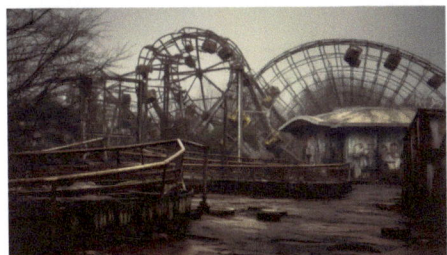

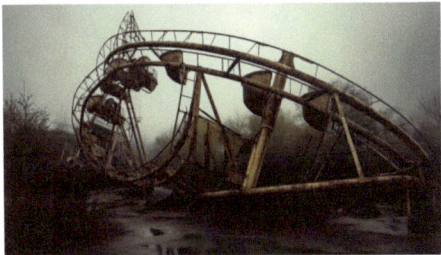

Es decir, el estilo está separado de la temática de la escena y se puede aplicar a cualquer otra imagen. El ratio de la imagen original tampoco importa.

La bibiloteca de estilos disponibles es gigantesca ya que todos los estilos que se crean de este modo son públicos. De hecho existe una opción para aplicar un estilo de forma aleatoria si queremos generar una imagen con sorpresa incluída. Es la opción `--style random` (sólo para versión 5).

En los siguientes ejemplos el prompt es muy simple, el tema principal seguido de la opción que hemos creado:

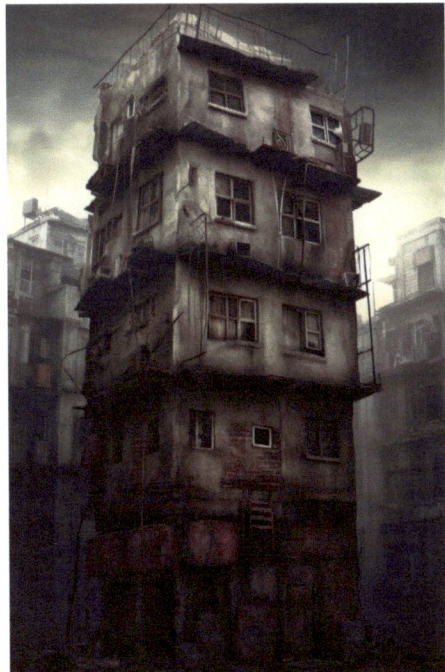

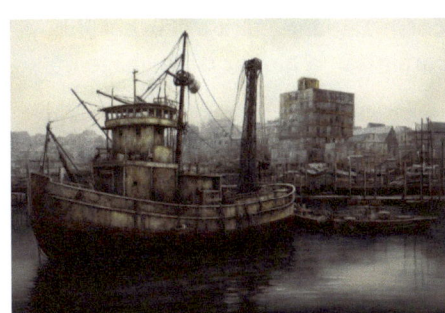

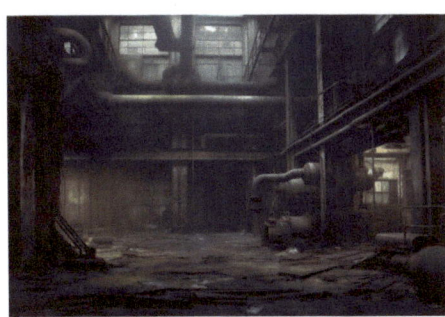

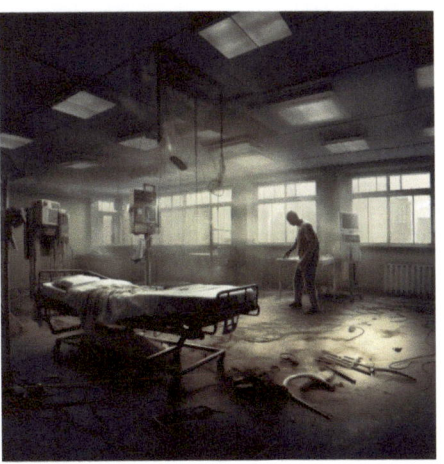

Veamos un par de imágenes con el mismo tema pero con estilo aleatorio. Lo interesante es que aparece el código del mismo y lo podemos conservar.

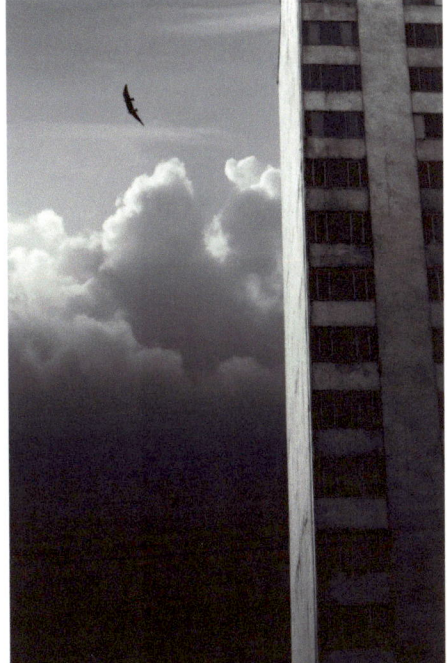

urban building --style LsDur4xDvJWIk0l

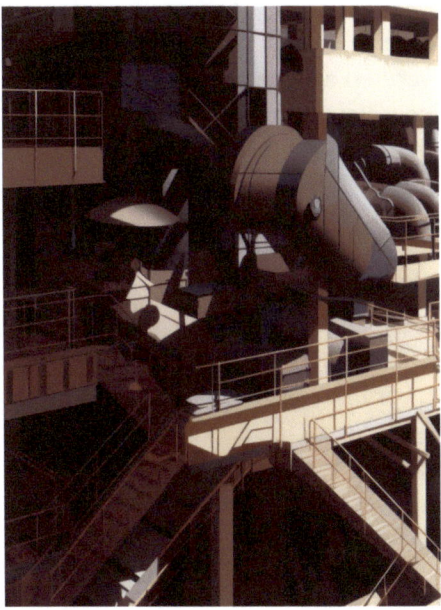

Factory --style 1q4PIIhUbhI2PnRg

CHROMA

El Chroma Key: Técnica de Edición para la Eliminación de Fondos en Imágenes y Vídeos

La técnica de chroma key es una herramienta poderosa en la edición de fotos y videos, utilizada ampliamente en la producción de películas, transmisiones de televisión y fotografía para combinar dos imágenes o cuadros en una sola. También conocido como "pantalla verde", el chroma key permite a los creadores de contenido insertar cualquier fondo deseado detrás de los sujetos de la escena.

¿Qué es el Chroma Key?

El chroma key es un efecto de posproducción que permite a los editores aislar y eliminar un color de fondo específico (generalmente verde o azul debido a su marcado contraste con el tono de la piel humana) y reemplazarlo con otra imagen o vídeo. Esta técnica se basa en la diferenciación de colores y su eliminación selectiva.

¿Por qué Utilizar el Chroma Key?

La principal ventaja del chroma key es su versatilidad. Permite a los creadores transportar sujetos a lugares imaginarios o inaccesibles sin salir de un estudio. Facilita la creación de efectos visuales que serían demasiado costosos o peligrosos para producir de manera real.

¿Cómo Utilizar el Chroma Key?

Para utilizar el chroma key de manera efectiva, sigue estos pasos:

1. Selección del Color del Fondo:
Elige un color de fondo que no aparezca en el sujeto que deseas aislar. El verde y el azul son colores populares porque son menos comunes en la ropa y el maquillaje.

2. Iluminación Uniforme:
Asegúrate de que el fondo esté bien iluminado de manera uniforme. Las sombras o pliegues pueden complicar la edición, ya que crean variaciones en el color que dificultan la eliminación del fondo.

3. Configuración de la Cámara:
Utiliza una cámara de alta calidad y asegúrate de que esté configurada correctamente para evitar el ruido y garantizar la nitidez de la imagen.

4. Edición:
En el software de edición, selecciona la herramienta chroma key (también conocida como "keying effect") e indícale qué color eliminar. Ajusta los parámetros para lograr un recorte limpio del sujeto.

5. Reemplazo de Fondo:
Una vez eliminado el color de fondo original, coloca la imagen o vídeo que deseas utilizar como nuevo fondo detrás del sujeto.

Herramientas de Software para el Chroma Key

Hay numerosas herramientas de edición de software que ofrecen capacidades de chroma key, desde opciones profesionales como Adobe After Effects, Final Cut Pro y DaVinci Resolve, hasta opciones más accesibles como Camtasia y Filmora.

Consejos para un Chroma Key Exitoso

- Evita que el sujeto lleve colores similares al fondo para prevenir la eliminación inadvertida de partes de su vestimenta o cuerpo.
- Utiliza accesorios o ropas especiales cuando necesites efectos como levitación o invisibilidad.
- Realiza pruebas antes de la producción final para identificar y corregir posibles problemas.

El chroma key es una técnica simple pero efectiva que, cuando se usa correctamente, puede abrir un mundo de posibilidades creativas en la producción de contenido visual.

Recuerda que la práctica es la clave. Experimentar con diferentes configuraciones y ajustes te ayudará a perfeccionar tus habilidades y lograr resultados más profesionales con el chroma key.

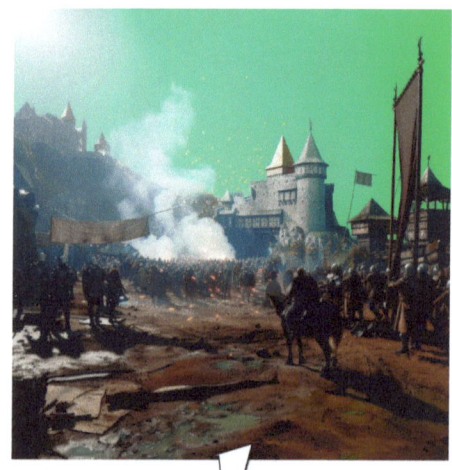

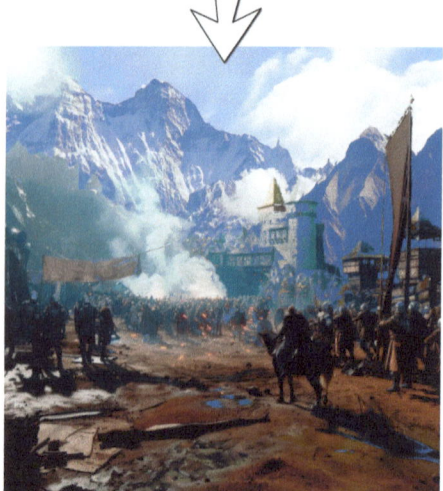

Te estarás preguntando por qué usar esta técnica si hoy día programas como Photoshop y muchos otros tienen la opción de eliminar fondos, seleccionar sujetos, etc. Cierto. La técnica nos permite tener un mayor control sobre lo que queremos conseguir. La decisión de una aplicación sobre qué es o no el fondo o el sujeto en primer plano se basa en un algoritmo matemático y éste no es siempre preciso. En la escena anterior al eliminar el fondo apenas quedan dos caballeros andantes en primer plano. La IA calcula un primer plano muy estricto en esa escena. Nuestro fondo verde nos da la posibilidad de cambiarlo por cualquier otro escenario, como por ejemplo el Himalaya, sin perder la composición principal.

La aplicación a un retrato quizás es más patente. Generamos la imagen con el prompt que queramos añadiendo la frase green chroma key background:

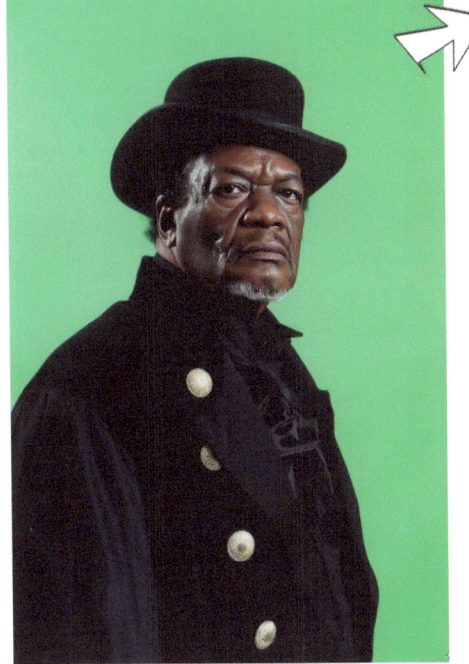

Seguidamente en Photoshop u otra herramienta similar, eliminar el fondo de forma correcta es un solo clic de ratón. Bien con la selección de fondo inteligente, o con la selección por rango de colores. Puede que incluso

con la herramienta Varita mágica: Y ahora es cuestión de elegir un buen

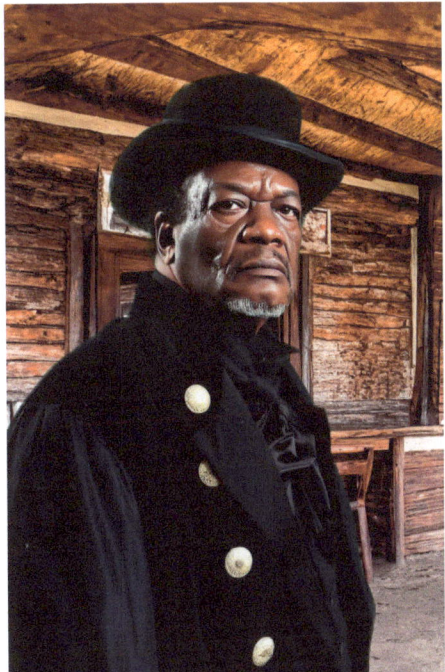

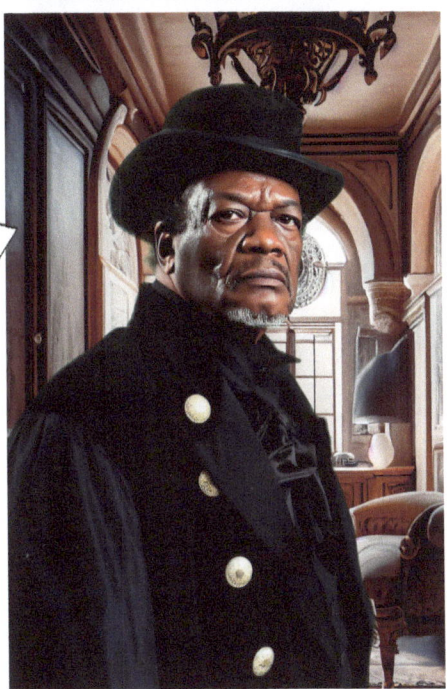

fondo.
Afinando la máscara de recorte del sujeto se consiguen resultados muy precisos.

Otro ejemplo con una figura, un personaje de animación, al que queremos aislar del fondo para usarlo en cualquier otra composición:

Pixar character a full-body Duck with funny expression wearing a black hat, chroma

key background

El personaje está solo en un escenario de color verde. Será fácil aislarlo. Ya sea con selección de sujeto

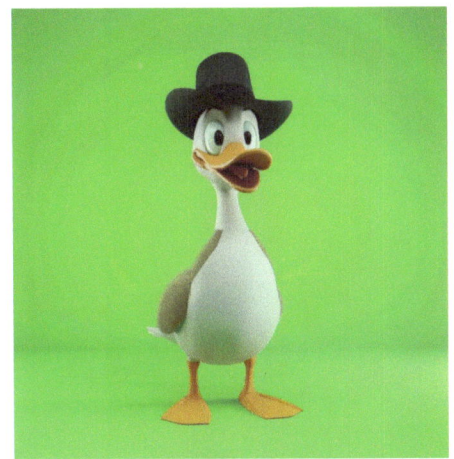

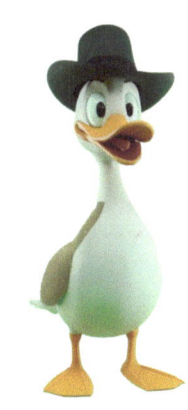

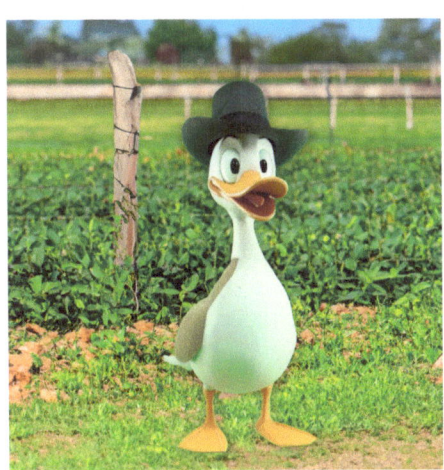

eliminación de fondo o con una máscara de selección:
Resumiendo, el uso de fondos chroma nos puede ayudar a mejorar la eliminación de fondos, ya sea usando Photoshop o cualquier otra herramienta que disponga de selección de áreas con varita mágica, rango de colores o máscaras.

RECURSOS

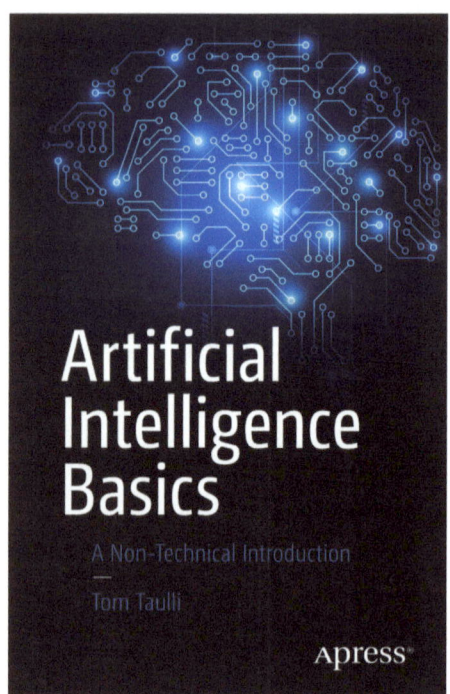

"Artificial Intelligence Basics - A Non-Technical Introduction" es un libro que proporciona una excelente introducción no técnica a los conceptos básicos de la inteligencia artificial (IA) y muestra cómo estos conceptos pueden ser aplicados en la vida real. La IA se refiere a la capacidad de una máquina para realizar tareas que requieren inteligencia humana, como el aprendizaje, la resolución de problemas, la toma de decisiones y la percepción del entorno.

El libro está estructurado en siete capítulos:
1. Introducción a la inteligencia artificial
2. Aprendizaje automático
3. Redes neuronales artificiales
4. Sistemas expertos
5. Robótica y controladores inteligentes
6. Procesamiento del lenguaje natural
7. Aplicaciones de la inteligencia artificial.

Cada capítulo incluye ejemplos prácticos y casos de estudio para ilustrar cómo se pueden aplicar los conceptos de IA en la vida real. Además, se proporcionan ejercicios de práctica al final de cada capítulo para que el lector pueda poner en práctica lo aprendido.

El libro es fácil de seguir y está escrito en un lenguaje claro y accesible para todos los niveles de experiencia. Los autores hacen un excelente trabajo al explicar conceptos complejos de manera simple y efectiva, lo que hace que el libro sea una lectura agradable y entretenida.

Uno de los aspectos más destacados del libro es la gran cantidad de aplicaciones prácticas de la inteligencia artificial en diferentes campos, como la medicina y el cuidado de la salud, la industria financiera y los sistemas de trading, la logística y la cadena de suministro, la educación y la formación en línea, y la seguridad y la vigilancia.

En general, "Artificial Intelligence Basics - A Non-Technical Introduction" es una obra excepcional que proporciona una excelente introducción no técnica a los conceptos básicos de la inteligencia artificial y muestra cómo estos conceptos pueden ser aplicados en la vida real. Si estás interesado en aprender más sobre la IA o simplemente quieres saber cómo puede mejorar tu vida, este libro es una lectura imprescindible.

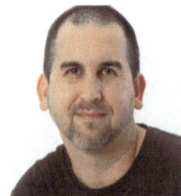

Tom Taulli

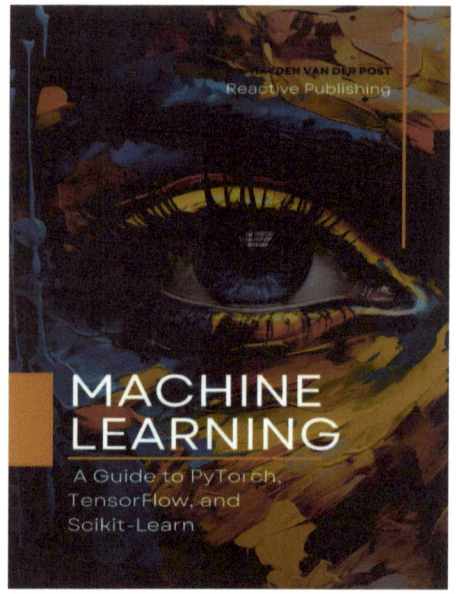

El aprendizaje automático es una rama de la inteligencia artificial que se enfoca en el desarrollo de algoritmos capaces de aprender y mejorar a partir de datos, especialmente en áreas como la economía, la biología, el marketing y la medicina.

"Machine Learning" proporciona una introducción detallada al aprendizaje automático, incluyendo conceptos básicos como el aprendizaje supervisado y no supervisado, las redes neuronales y los sistemas expertos. Además, se describen varias aplicaciones prácticas del aprendizaje automático en distintos campos, como la detección de spam, el reconocimiento facial y la predicción de comportamientos de consumidores.

El libro también aborda las limitaciones actuales del aprendizaje automático, así como los desafíos que enfrenta este campo en cuanto a la interpretabilidad y la privacidad de los datos. En general, el documento ofrece una visión completa y accesible del aprendizaje automático y su potencial para revolucionar múltiples áreas de la vida cotidiana.

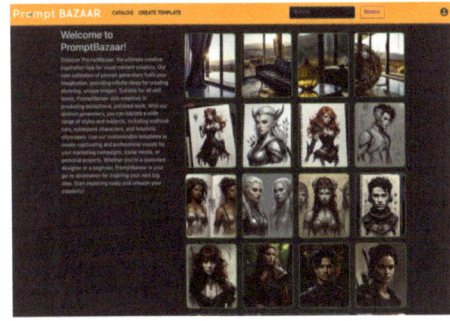

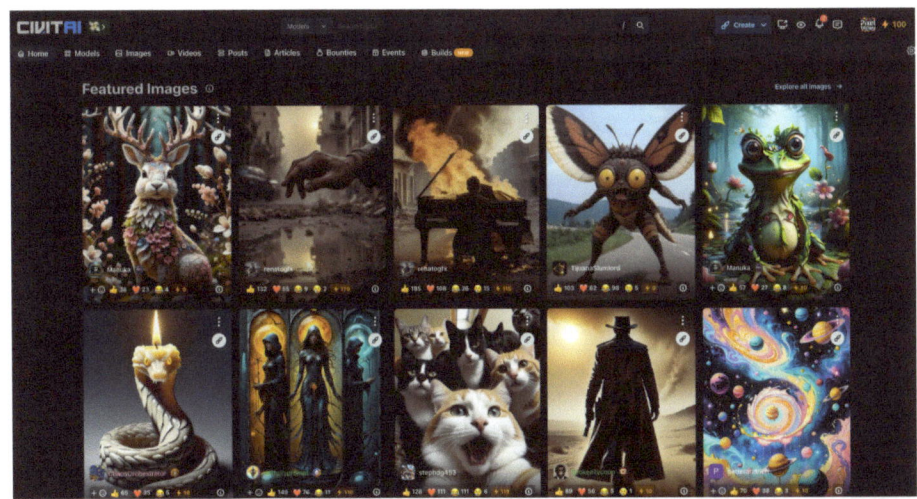

PromptBazaar
https://app.promptbazaar.com/

PromptBazaar se presenta como una plataforma integral diseñada para inspirar a los creadores de contenido visual. Alberga una amplia gama de generadores de prompts que sirven de catalizadores para la imaginación, facilitando un flujo constante de ideas para la creación de imágenes visualmente impactantes y distintivas. Con características que atienden a usuarios de todos los niveles de experiencia, PromptBazaar se posiciona como una herramienta valiosa para la producción de contenido visual de calidad y con acabados profesionales.

La plataforma ofrece acceso a una diversidad de generadores con temáticas y estilos variados, desde coches míticos y personajes al estilo cyberpunk hasta escenarios de ciudades futuristas. Además, PromptBazaar pone a disposición plantillas personalizables, las cuales son herramientas esenciales para aquellos que buscan generar visuales atractivos que potencien sus campañas de marketing, presencia en redes sociales o proyectos personales.

PromptBazaar es una fuente de inspiración para diseñadores y aficionados por igual, proporcionando los recursos necesarios para dar vida a ideas innovadoras. La plataforma invita a sus usuarios a sumergirse en un mundo de creatividad sin límites.

Civitai
http://www.civitai.com

La web por excelencia de los amantes de Stable Diffusion y SDXL. El lugar de encuentro de creadores y de usuarios. Modelos, LORAs, artículos, imágenes... lo tienen todo. Regístrate gratis y podrás generar imágenes online con cualquiera de los modelos que se presentan o bien descargarlos y usarlos en local con ComfyUI, Automatic1111, Invoke AI, etc.

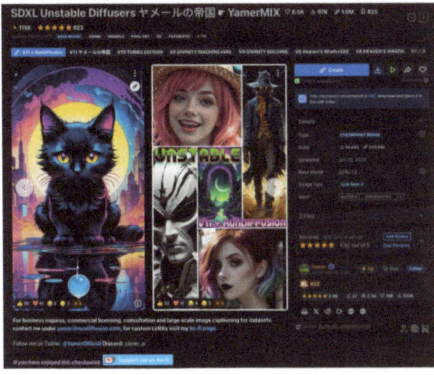

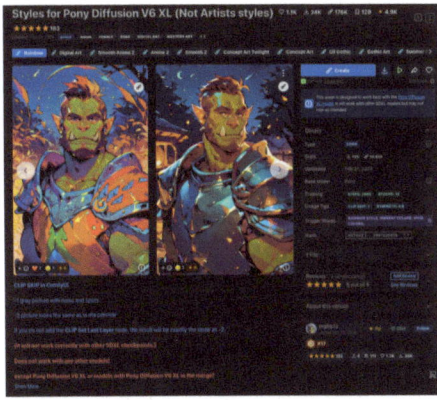

La única cosa a tener en cuenta para el público más joven de la casa es que no hay censura alguna. Eso quiere decir que de entrada puedes encontrar señoras desnudas o escenas manga no aptas para menores. Si creas una cuenta puedes activar el filtro NSFW para evitar sustos.

Ah, y si eres manitas puedes usar su entrenador de modelos. Quién sabe si podrás superar a

todos los demás y crear un modelo superinteresante y hacerte con los favores del público.

No es un proceso fácil ni rápido pero no tienes que usar los recursos de tu ordenador. Entre los artículos o posts que se publican hay de todo, como prompts negativos para conseguir el máximo fotorealismo o el flujo de trabajo básico para el uso de Stable Cascade.

¿Usas Stable Diffusion o sus variantes? Apúntate a Citivai. Será tu compañero de por vida, seguro.

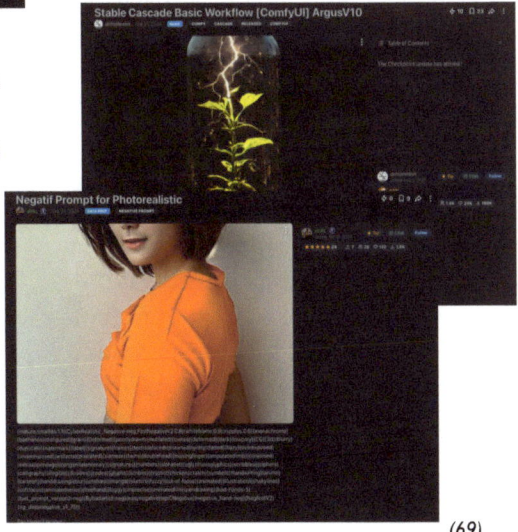

GLOSARIO

Este mes tenemos estrella invitada, groq, y le hemos pedido un glosario de términos relativos a Stable Diffusion y MidJourney. Y este es el resultado:

Glosario de términos relacionados con la Inteligencia Artificial, centrado en las IA generativas de imágenes Stable Diffusion y Midjourney:

Stable Diffusion

1. Difusión Estable: Un proceso de dos etapas en el que se agrega ruido a las imágenes y luego se intenta recuperar la imagen original a partir del ruido.

2. Ruido: En el contexto de la IA generativa, el ruido se refiere a una señal aleatoria agregada a las imágenes de entrenamiento.

3. Modelo de Difusión Estable: Un modelo de IA entrenado en el proceso de difusión estable para crear nuevas imágenes a partir de ruido.

4. Optimización: El proceso de ajustar los parámetros de un modelo de IA para minimizar la pérdida y mejorar el rendimiento.

5. Pérdida: Una medida de cuánto se desvía un modelo de IA de los datos de entrenamiento deseados. Cuanto más baja sea la pérdida, mejor será el modelo.

6. Aprendizaje por Transferencia: Un método de entrenamiento de IA en el que un modelo aprende de un conjunto de datos y luego transfiere ese conocimiento a un conjunto de datos diferente pero relacionado.

7. Optimizador: Un algoritmo utilizado para actualizar los parámetros de un modelo de IA durante el entrenamiento.

8. Aprendizaje No Supervisado: Un tipo de aprendizaje automático en el que un modelo de IA aprende a identificar patrones y relaciones en los datos sin etiquetas.

9. Aprendizaje Semisupervisado: Un tipo de aprendizaje automático que utiliza tanto datos etiquetados como no etiquetados para entrenar a un modelo de IA.

10. Aprendizaje por Refuerzo: Un tipo de aprendizaje automático en el que un modelo de IA aprende a tomar decisiones óptimas al maximizar una recompensa.

11. Conjunto de Datos: Un conjunto de datos utilizado para entrenar a un modelo de IA.

12. Etiquetado de Datos: El proceso de asignar etiquetas a los datos para que un modelo de IA pueda aprender a clasificarlos.

13. Preprocesamiento de Datos: El proceso de preparar y limpiar los datos antes de entrenar a un modelo de IA.

14. Validación Cruzada: Un método de evaluación de modelos de IA que divide los datos en subconjuntos y entrena y evalúa el modelo en cada subconjunto.

15. Métricas de Evaluación: Las métricas utilizadas para evaluar el rendimiento de un modelo de IA, como la precisión, la recuperación y el F1-score.

16. Desbordamiento de Gradiente: Un problema en el que los valores de

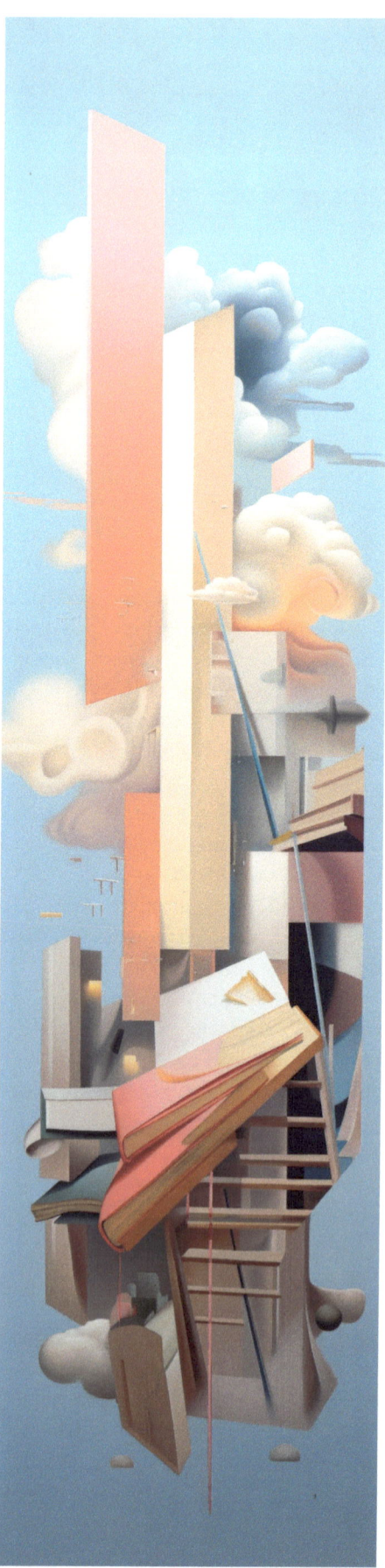

las actualizaciones de gradiente son demasiado grandes, lo que hace que el entrenamiento sea inestable.

17. Regularización: Un método para prevenir el sobreajuste en los modelos de IA al agregar una penalización a la pérdida.

18. Sobreajuste: Un problema en el que un modelo de IA se ajusta demasiado a los datos de entrenamiento y no generaliza bien a los datos nuevos.

19. Subajuste: Un problema en el que un modelo de IA no se ajusta lo suficiente a los datos de entrenamiento y tiene un rendimiento bajo en los datos nuevos.

Midjourney

1. Generación de Imágenes: El proceso de crear nuevas imágenes a partir de datos de entrenamiento.

2. Aprendizaje por Transferencia: Un método de entrenamiento de IA en el que un modelo aprende de un conjunto de datos y luego transfiere ese conocimiento a un conjunto de datos diferente pero relacionado.

3. Optimización: El proceso de ajustar los parámetros de un modelo de IA para minimizar la pérdida y mejorar el rendimiento.

4. Pérdida: Una medida de cuánto se desvía un modelo de IA de los datos de entrenamiento deseados. Cuanto más baja sea la pérdida, mejor será el modelo.

5. Aprendizaje No Supervisado: Un tipo de aprendizaje automático en el que un modelo de IA aprende a identificar patrones y relaciones en los datos sin etiquetas.

6. Aprendizaje Semisupervisado: Un tipo de aprendizaje automático que utiliza tanto datos etiquetados como no etiquetados para entrenar a un modelo de IA.

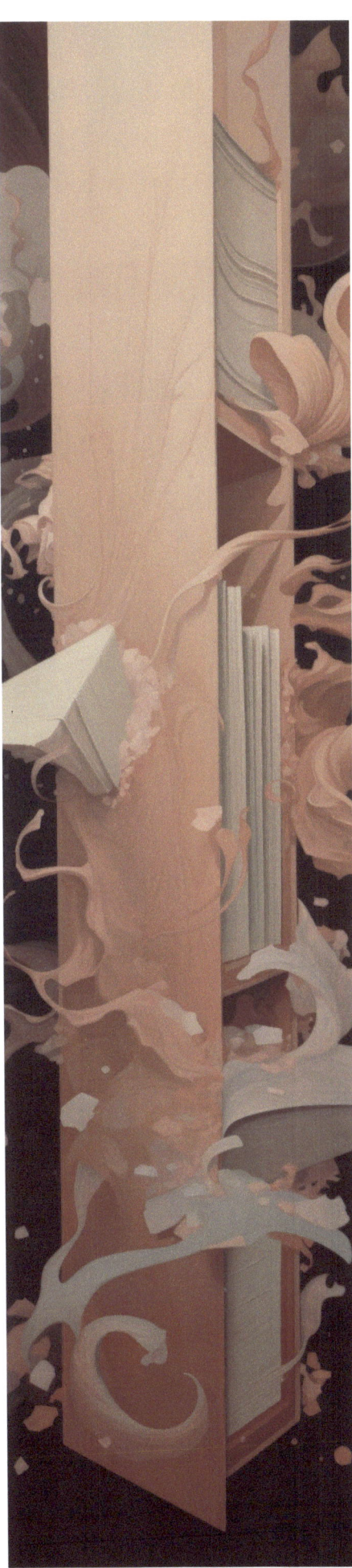

7. Aprendizaje por Refuerzo: Un tipo de aprendizaje automático en el que un modelo de IA aprende a tomar decisiones óptimas al maximizar una recompensa.

8. Conjunto de Datos: Un conjunto de datos utilizado para entrenar a un modelo de IA.

9. Etiquetado de Datos: El proceso de asignar etiquetas a los datos para que un modelo de IA pueda aprender a clasificarlos.

10. Preprocesamiento de Datos: El proceso de preparar y limpiar los datos antes de entrenar a un modelo de IA.

11. Validación Cruzada: Un método de evaluación de modelos de IA que divide los datos en subconjuntos y entrena y evalúa el modelo en cada subconjunto.

12. Métricas de Evaluación: Las métricas utilizadas para evaluar el rendimiento de un modelo de IA, como la precisión, la recuperación y el F1-score.

13. Desbordamiento de Gradiente: Un problema en el que los valores de las actualizaciones de gradiente son demasiado grandes, lo que hace que el entrenamiento sea inestable.

14. Regularización: Un método para prevenir el sobreajuste en los modelos de IA al agregar una penalización a la pérdida.

15. Sobreajuste: Un problema en el que un modelo de IA se ajusta demasiado a los datos de entrenamiento y no generaliza bien a los datos nuevos.

16. Subajuste: Un problema en el que un modelo de IA no se ajusta lo suficiente a los datos de entrenamiento y tiene un rendimiento bajo en los datos nuevos.

PROMO

Un poco de auto-publicidad de nuestras publicaciones. Por ahora pocas, pero hay que mostrarlas al mundo.

Por supuesto el número 0 de Pixed Magazine, en cuatro idiomas y disponible en formato digital e impreso. Basta con ir al enlace para encontrar todas las posibilidades: FlipBook, PDF, papel....

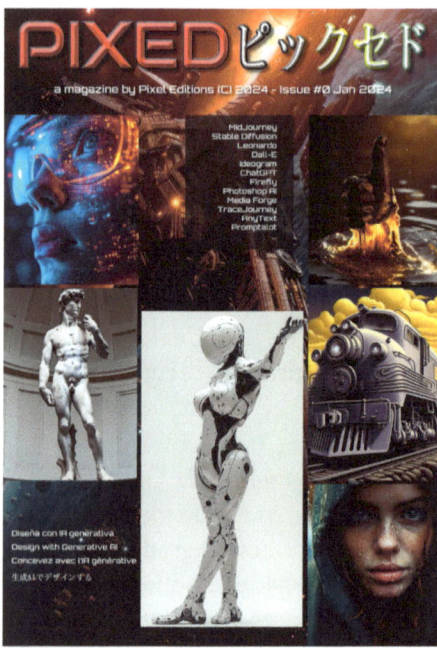

https://mtr.bio/pixel-editions

Aparte de la revista hemos creado una colección de libros de colorear llamados CROMOTERAPIA abarcando todo tipo de temas. Desde mandalas hasta naves espaciales pasando por motocicletas, hadas, elfos y un sinfín de temas que irán apareciendo de forma continuada. Son libros del mismo tamaño que esta revista impresos a una sola cara para evitar que el color traspase al siguiente dibujo si se usan tintas, rotuladores, etc. Estos son los títulos disponibles actualmente:

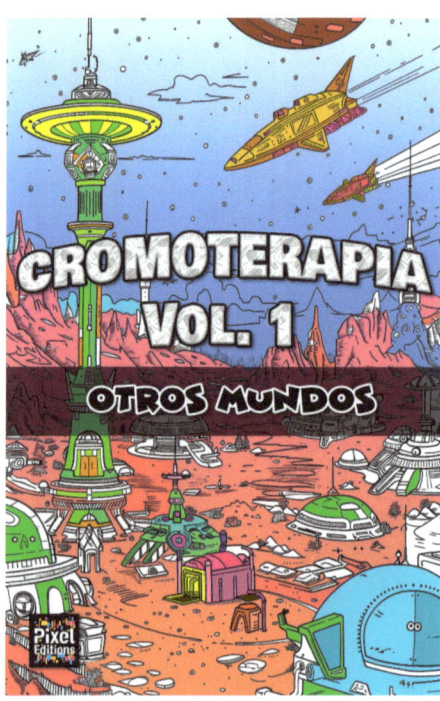

CROMOTERAPIA Vol. 1
Otros mundos
Escenas ambientadas en un imaginario mundo como Marte, etc.

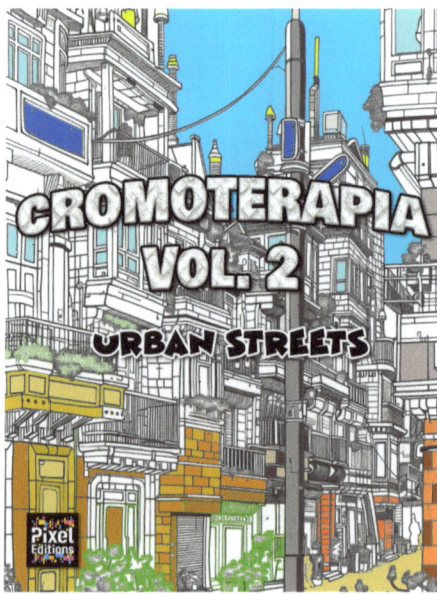

CROMOTERAPIA Vol.2
Urban Streets
Escenas urbanas tanto en ciudades grandes y futuras como en pueblos.

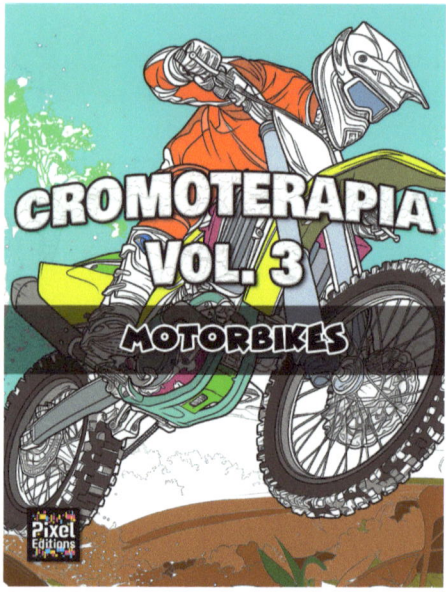

CROMOTERAPIA Vol.3
Motorbikes
Desde Harley-Davidson hasta escenas de motocross y trial.

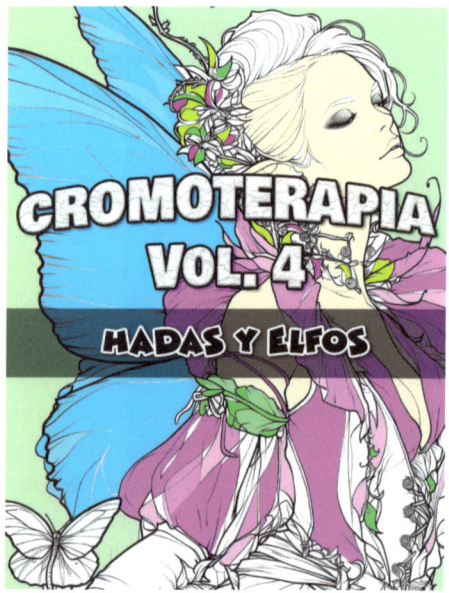

CROMOTERAPIA Vol.4
Hadas y Elfos
Hadas con alas de mariposa, elfos con orejas puntiagudas, y la Reina de las Hadas vigilándolos a todos.

En producción y salida inminente.

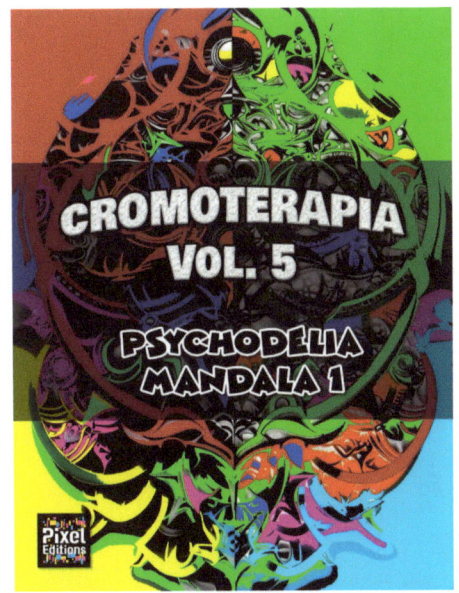

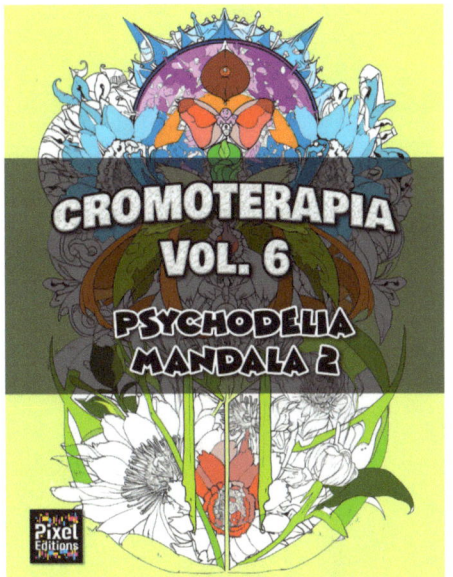

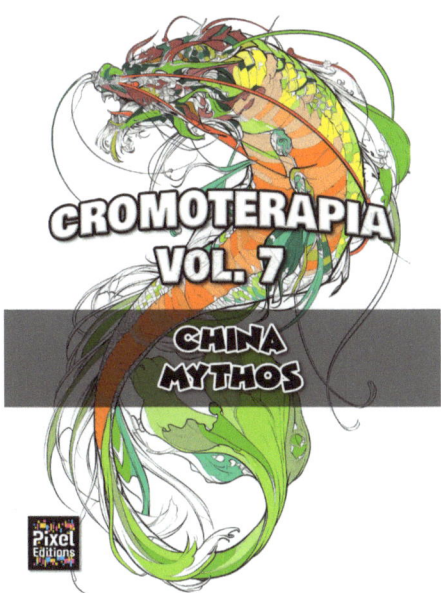

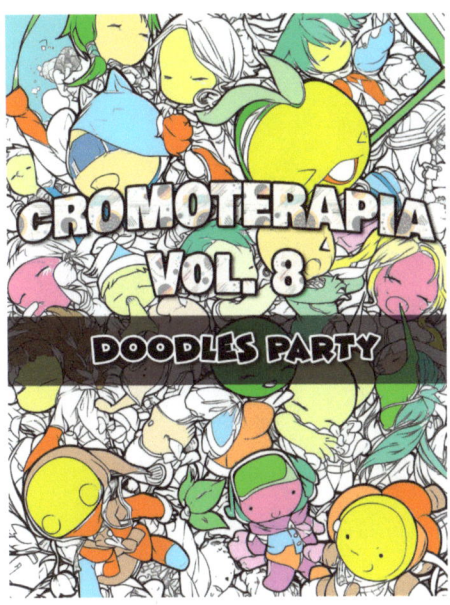

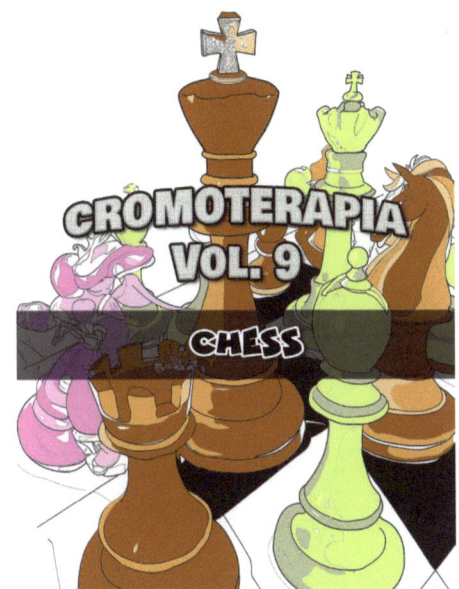

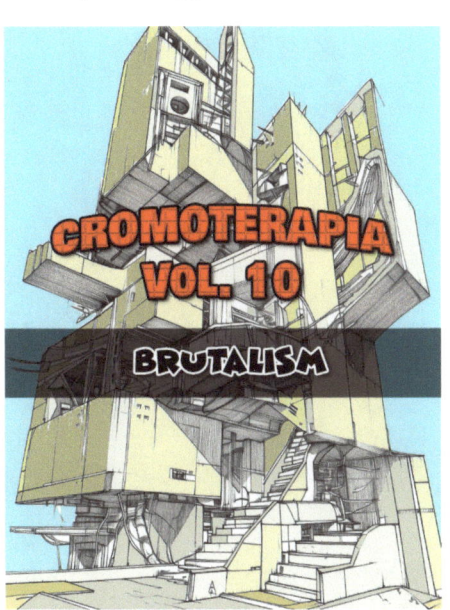

... y otros temas que están en producción aún sin portada definida.

La cromoterapia, también conocida como terapia de color, es una práctica de sanación holística que utiliza el espectro de colores para mejorar el bienestar físico y emocional de una persona. Una aplicación moderna y creativa de esta técnica es a través de libros para colorear dirigidos a adultos.

Estos libros suelen presentar patrones complejos y diseños detallados que promueven la concentración y la atención plena.

Mientras los individuos seleccionan y aplican colores a las imágenes, se involucran en una actividad meditativa que puede reducir el estrés y promover la relajación. Se cree que los diferentes colores tienen diferentes efectos en el estado de ánimo y las emociones de las personas; por ejemplo, el azul puede ser calmante, mientras que el rojo puede estimular energía.

Aunque la evidencia científica sobre la efectividad de la cromoterapia es limitada y mixta, muchas personas encuentran que colorear es una forma accesible y placentera

de practicar la atención plena y desconectar de las preocupaciones diarias, lo que puede contribuir a una mayor sensación de paz y satisfacción personal. Como siempre solemos decir, cada cual encuentra la manera de utilizar estos libros. No hay norma escrita de cómo hacerlo, ni de estilo, ni nada es correcto o incorrecto. Pinta, dibuja, colorea, rasga, corta y pega, haz lo que quieras con ellos.

Tenemos más temas en mente y en estas páginas, además de la página web oficial y todas nuestras redes sociales, se irán anunciando.

EL EQUIPO

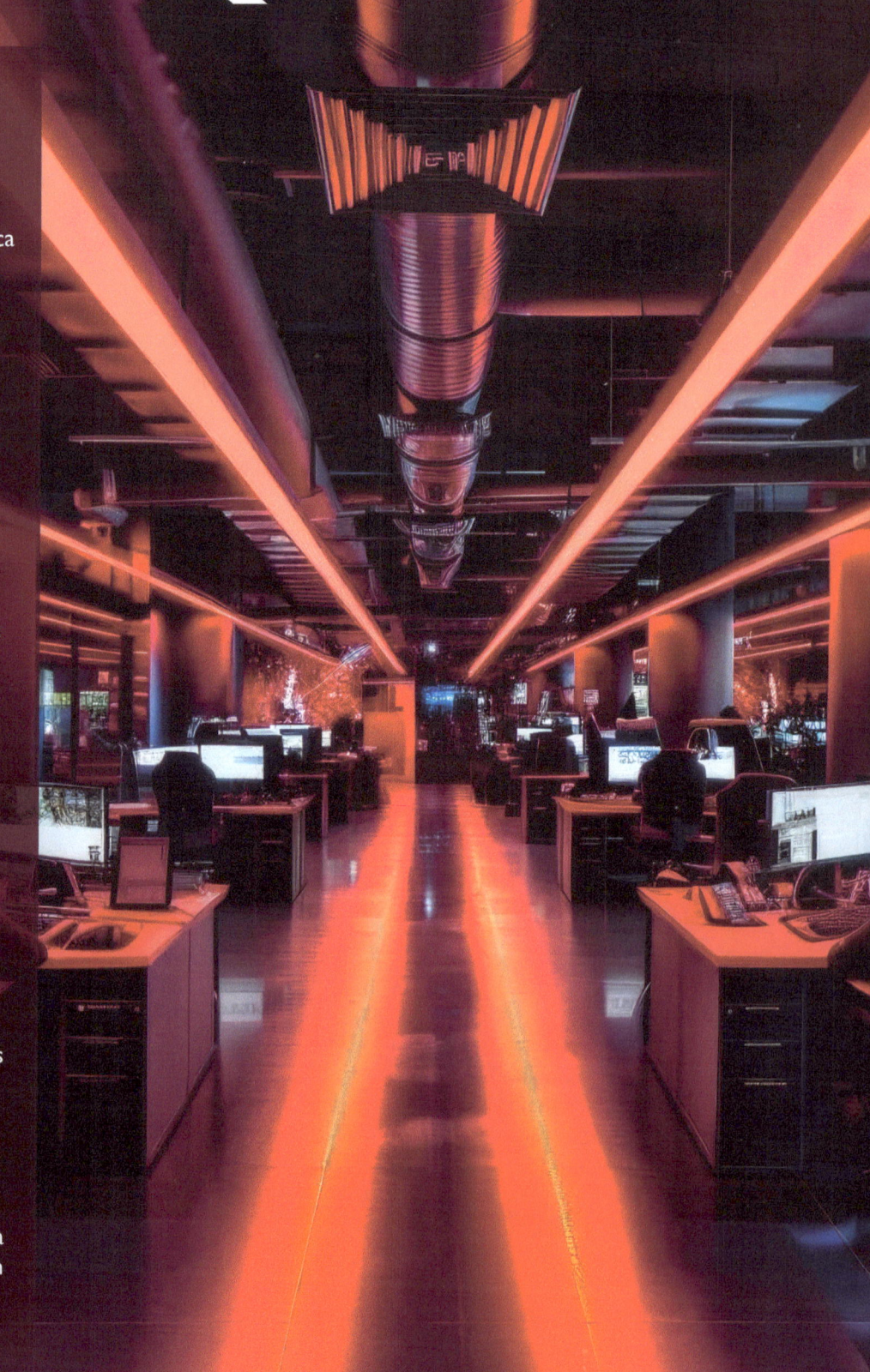

Pixel Editions es un equipo pequeño por el momento. Sin embargo contamos con colaboradores en puntos del planeta bien dispares y lejanos, algo imposible antes de Internet. Porque, sí sí, había una época en la que no teníamos Internet!

Sea como sea, contamos con presencia en España, Reino Unido, Francia y Japón. Esperamos llegar a los Estates también.

Si el factor humano es importante, también lo es la tecnología. En Pixed Magazine utilizamos profusión de herramientas, entre ellas la mayoría de las de Adobe con su Creative Suite, Topaz para los escalados, todas las IA que se nos cruzan para la generación de imágenes, ChatGPT, Groq y LM Studio para nuestras consultas, traducciones rápidas y generación de prompts, ofimática pura por supuesto y un sinfín de otras utilidades y herramientas, algunas de ellas desarrolladas por nosotros mismos.

Todo el contenido de la revista está protegido por derechos de autor. No puede reproducirse ni en todo ni en parte sin permiso. Las imágenes generadas por IA también lo están, ya que no se publican tal cual brotan de la mente matemática de una IA, también se manipulan, adaptan y modifican para ser lo que son en su estado final. Si te interesa alguna para tu propio uso ponte en contacto con nosotros.

https://pixeleditions.com